アジアにおける産業・企業経営
―ベトナムを中心として―

鹿住倫世 編著

専修大学商学研究所叢書15　　　　　　　東京　白桃書房　神田

序　文

商学研究所叢書刊行にあたって

　「商学研究所叢書」第15巻にあたる本書は，経済発展が著しいベトナムを中心とするアジアにおける産業・企業経営に関する3年間の研究をまとめたものである。

　この叢書は，商学研究所の創立35周年を記念して2001（平成13）年に公刊されたものだが，当時に比べれば，日本とアジア諸国との経済的関係はより密接になり，様々な生活レベルでの交流が進んでいる。そうしたなか，2012年度から2014年度にかけて，ベトナム国民経済大学ビジネススクール（NEU）との共同研究によって本叢書の研究プロジェクトが進められた。

　NEUと当研究所とは，組織間協定校として研究交流を図ってきており，2015年からは大学間の国際交流協定校としてより発展的な形で交流を行っている。こうした研究交流の一環として，2014年3月には公開シンポジウム「メコン地域五カ国域内における現地中小企業の貿易活動の調査」が開催されるとともに，『専修ビジネスレビュー』第9号（2014年3月）には，NEU院長のDr. Tran Thi Van Hoa氏による「ベトナムにおける中小企業の競争力」と，NEUのDr. Le Thi Lan Huong氏による「2013年におけるベトナム企業のビジネス環境と課題」が寄稿された。さらに，2015年9月には国際シンポジウム「ベトナムの地域発展とビジネス環境」が開催され，NEU副学長のDr. Tran Thi Van Hoa氏を迎えたパネルディスカッションが行われた。

　本書は，こうした一連の研究交流の成果であり，3年間に及ぶプロジェクト・メンバーのたゆまぬ努力の賜物である。成長著しいアジアの産業に関心をもつ学内外の多くの方々の目に触れ，知的刺激となることを願っている。

　末尾になるが，本プロジェクト・チームのメンバー各位に敬意を表するとともに，同チームの活動にご支援・ご協力を頂いた関係諸氏，とりわけベトナム国民経済大学ビジネススクールの諸先生方には心から御礼を申し上げたい。

2016年3月
専修大学商学研究所所長　　神原　理

はじめに

　本書は，専修大学商学研究所の共同研究助成を得て平成24年度から26年度まで実施された「アジアにおける産業・企業経営に関する研究―ベトナム国民経済大学ビジネススクールとの共同研究―」の成果を取りまとめたものである。
　アジアの経済発展に伴い，アジア企業の経営においても先進国の企業による投資や技術に依存した経営から，独自の経営と産業分野を創出し，世界市場に展開するという変化が生まれてきている。韓国企業や中国企業は明らかにそうした姿で国際的な競争を先進国企業と繰り広げるまでに至っている。しかし，中小企業，女性の経営参画，流通改革，サプライチェーン，ＣＳＲ等先進国が注力しつつある企業活動分野においては，どのような具体的な変化と進化がアジアの新興国に起こっているのか，あまり明らかにされていない。本調査・研究はそうした分野において新興国企業にどのような変化が起こっているのかについて中国，韓国，タイ，マレーシア，インドネシア等に次いで期待される新興国であるベトナムを対象として現地企業，市場の調査および現地研究者との研究交流を行い，相互の研究蓄積を活用した従来にはない視点で具体的な研究成果を上げ，対外発信に結び付けていくことを目的として実施された。
　本研究の推進にあたっては，ベトナムおよびメコン地域での現地調査や資料収集，現地の研究者や公的機関との意見交換が必要であるが，現地語および現地の地理に不案内な私たち日本人研究者が現地調査を実施するにあたり，ベトナム国民経済大学ビジネススクールの学科長（当時）であるTran Thi Van Hoa教授およびLe Thi Lan Houng教授には大変お世話になった。ここに感謝申し上げたい。
　中国の人件費高騰によって，日本企業の次の海外進出先としてベトナムが脚光を浴びている。ベトナムは国土が約33万km²あり，日本の約9割の面積を有している。人口も約9,250万人（2014年）に上り，2020年代半ばには1億人を超える見通しである。人口構成が若く，経済成長率も約6％と安定的に推移している。近年は人件費も上昇しているが，生活の向上とともに消費市場も拡大しつつあり，製品やサービスの販売先としても魅力的な市場に育ちつつある。
　ベトナムは社会主義国家であるが，1986年のドイモイ政策以降，自由化と市

場経済化が進み，1990年代以降は外資の導入や民間企業の設立が可能になるなど，経済活動が自由に行えるようになった。日本を含む外資の直接投資が活発になり，自動車工場や縫製工場，食品加工，製靴工場などが設置された。しかし，これらの工場を支えるサポートインダストリーが育っておらず，道路や物流システムなどのビジネス・インフラストラクチャーも未整備である。ベトナムの経済や産業は，今どのような状況にあり，今後どのように発展していくのだろうか。市場としての魅力と発展途上のビジネス環境というベトナムの現状において，今後ベトナムへの進出を希望する日本の企業，ビジネスパーソンへの情報提供として，本研究ではベトナムおよびメコン地域の産業，外資系企業の動向，中小企業，流通，物流について，研究プロジェクトメンバーが各自の専門領域から現状と展望をまとめている。

本書の構成は，以下のとおりである。

第1章　ベトナムの工業化とASEAN経済統合　（大西勝明）
第2章　メコン地域諸国の進出日系企業の動向　（小林守）
第3章　東南アジア諸国での戦略的海外進出の可能性（高橋義仁）
第4章　ベトナムの物流インフラ　（岩尾詠一郎）
第5章　ベトナムにおける流通業の展開―伝統的市場から外資系小売企業による競争の場へ―　（石川和男）
第6章　ベトナムにおける女性起業家の現状と支援　（鹿住倫世）

また，本研究の一環として，ベトナムおよび日本において，毎年1回研究交流活動を行った。2013年に日本で開催した研究会におけるVan Hoa教授とHoung教授の講演採録を巻末資料として添付している。

資料：シンポジウム講演採録
〈研究交流活動報告〉2013年におけるベトナム企業のビジネス環境と課題
　　　　　　　Tran Thi Van Hoa著，チン トゥイ フン訳
〈研究交流活動報告〉ベトナムにおける中小企業の競争力
　　　　　　　Le Thi Lan Houng著，佐原太一郎訳

本書によって，ベトナムおよびメコン地域の経済・産業の現状と今後の発展の展望が明らかになり，当該地域への進出や取引を考えている日本企業や，ベトナム，メコン地域の企業との取引を考えている企業の参考になれば幸いである。

平成28年3月

専修大学商学部　教授　鹿住 倫世

目次

序文……i
はじめに……iii

第1章　ベトナムの工業化とASEAN経済統合

1　はじめに……1
2　ベトナムの工業化……2
3　ASEAN経済統合……14
4　ベトナム産業の21世紀……18
5　むすび……21

第2章　メコン地域諸国の進出日系企業の動向

1　ベトナムのビジネス環境……25
2　ベトナム産業の問題点……27
3　日系企業進出の一般動向……29
4　日系企業のオペレーション事例……36
5　ベトナム投資の課題……48

第3章 東南アジア諸国での戦略的海外進出の可能性
── GMS諸国のうち，タイ，ベトナム，カンボジア，ラオスへの中小企業進出事例からの分析

1 はじめに………………………………53
2 GMSの位置づけ………………………55
3 生産拠点としてのGMSの位置づけ……55
4 GMS各国の現況と企業進出……………59
5 まとめ…………………………………67
6 おわりに………………………………68

第4章 ベトナムの物流インフラ

1 物流インフラの定義……………………71
2 ベトナムの物流インフラの実態…………75

第5章 ベトナムにおける流通業の展開
―伝統的市場から外資系企業による競争の場へ―

1 はじめに……87
2 ベトナムにおける流通業の位置づけ……88
3 ベトナムの小売環境……91
4 外資系小売業のベトナムでの事業展開……96
5 おわりに……105

第6章 ベトナムにおける女性起業家の現状と支援

1 研究の視点……107
2 ベトナムにおける女性労働事情と女性経営者の状況……108
3 ハノイ市の中小企業・起業支援……112
4 女性起業家事例調査……121
5 まとめとインプリケーション……128

資料：研究交流活動報告……131〜159
おわりに……160

第1章 ベトナムの工業化とASEAN経済統合

1 はじめに

　21世紀，特に，2008年に起きたリーマン・ショック後，世界経済は，混迷を続けている。アメリカが意図した情報，金融による国際的な覇権は未達成であり，EU諸国内の過重債務問題，資源・環境問題，貧困と格差の問題，雇用・難民問題と世界経済は容易には解決不可能な深刻な諸問題に直面している。この混迷した世界経済の安定をアジア新興国の経済成長の持続が，かろうじて支えてきた。リーマン・ショック後，中国経済等が世界経済に果たした貢献は無視され得ない。もちろん，アジア新興国とて，万全な状態にはなく，たとえば中国は，経済成長の鈍化，インフレーション，格差，環境問題等への対応に苦慮している。そうではあるが，アメリカ，EU諸国等先進国の成熟化，低迷の中で，アジア新興国は多様な深刻な諸問題に影響を受けながらも，一定の経済成長を実現し，世界的な注目を浴びてきた。アジアには，先進国と位置づけられる日本があり，アジアNIEsとされた韓国，台湾，シンガポール等が存在し，BRICsとされる国々，さらにASEAN諸国が続いている。東南アジア諸国は，政治的にも，工業化，所得水準といった点でも多様で複雑であり，しかも，これらの国々は，政治的，経済的に関連し，錯綜しつつ存在し，変化している。特に，BRICsに続くとされるベトナムは，東南アジアにおいて，注目される存在になってきている。そして，WTOへの加盟を進め，多様なFTA（自由貿易協定），EPA（経済連携協定）を締結し，グローバリゼーションに積極的に対処している。2008年には急激なインフレーションに見舞われているが，先進国の低迷に比べ，21世紀に入ってからのGDP年平均成長率6％以上という異常な高パフォーマンスを実現している。少なくとも近年においては対外直接投資先として好

条件を備えていたし，2015年末のASEAN経済統合と関連して期待が寄せられている。たとえば，日本企業は，世界の工場とされた中国の元の切り上げ，賃金上昇，地代・オフィス賃料，諸経費の高騰，ハイテクを重視した外資政策の変更，政治的な軋轢，政情不安等から中国一極集中を避け，新たな投資先，チャイナ＋1を追求することになり，ベトナムへの進出を模索している。日本にとっても，アジア規模の政治的安定や経済的な繁栄プロセスを共有しつつ新たな連携の構築が必要となっている。加えて，ASEANにおけるFTA（自由貿易協定）やEPA（経済連携協定）の進展，関税切り下げ等から日本の電気機械工業，電子部品大手企業の中国集中が変容し，ベトナムが第2の生産拠点となりつつあるとの指摘がある。さらに，2015年末のASEAN経済統合の実現は，新しいステージへの突入を意味する。日系企業の重要な進出先としてベトナムが選好されていることからも，ベトナム経済，産業，企業についての現代的で体系的な考察の重要性が増大している[1]。

2 ベトナムの工業化

2-1 産業政策の役割

　第二次世界大戦後，ベトナムは，周知のような歴史を経過してきている。1945年ホーチミン独立宣言（ベトナム民主共和国独立），1954年ジュネーブ協定により，フランスから独立，1965年アメリカのベトナム戦争への直接介入，1973年のパリ協定，日越国交樹立，1975年ベトナム戦争終結（サイゴン陥落），1979年ベトナム社会主義共和国への改名といった変遷をたどっている。そして，1986年には，ドイモイ（刷新）政策が開始されている。ドイモイ（刷新）政策は，ベトナム産業の発展に重大な影響を与えてきた。具体的に，ドイモイ（刷新）政策は，①社会主義路線の見直し，②市場経済の導入，③農業，軽工業重視への産業政策の転換，④国際化の推進等を課題としていた。また，1988年「外国投資法」が制定され，その後改訂が続いている。ベルリンの壁が崩壊した1989年には，ベトナムは，カンボジアから撤退することになる。

　さらに，1990年には「企業法」が制定され，2014年に至るまで，数度の改訂が

図表1-1　名目国内総生産額・成長率の推移

(単位：10億USドル，％)

年	2000	2001	2002	2003	2004	2005	2006
総生産額	31.2	32.5	35.1	39.6	49.5	57.6	66.4
成長率	6.79	6.90	7.08	7.34	7.79	7.55	6.98
2007	2008	2009	2010	2011	2012	2013	2014
77.5	98.3	101.6	112.8	134.6	155.6	170.6	186.1
7.13	5.66	5.40	6.42	6.24	5.25	5.42	5.98

出所：Vietnam General Statistics Office, *Statistical Yearbook, 2015*, Statistical Publishing House, 2015.（換算）

試みられている。1994年には米国の対越経済制裁解除があり，1995年には「国有企業法」が国会で採択（2003年改正）されることになる。同年にベトナムは，ASEANに，1998年にはAPECに加盟している。2000年にはホーチミン証券取引所が営業を開始している。同年米越通商協定調印（2001年発効），2003年日越投資協定調印（2004年発効），2006年新「企業法」，「投資法」施行，2007年WTOに正式加盟，同年日越EPA交渉の締結等を経てきている。

　そして，このような画期的な出来事を随伴しつつ，ベトナム経済は，図表1-1のように，2008年以降，成長率は鈍化しながらも，ほぼ，5％台の持続的な高経済成長を達成してきている。日本等先進国の経済成長率の低迷は顕著であったが，ベトナムは，2000年から2014年にかけておおよそ6倍にGDPの規模を拡大している。ただ，農業，製造業，サービス業の構成割合は，この間，大きく変化していない。農業の工業化，製造業，IT化の進展，交易構造の変化については後述している。

　経済成長を基盤にベトナムの1人当たりGDPが，図表1-2のように増加している。2001年400USドル程度であった1人当たりGDPが，2014年には，約5倍の2,052USドルにまで増加している。ホーチミン市やハノイ市等都市部のベトナムの1人当たり平均収入はもっと高く，確実に都市化，工業化をたどりつつある。それでも，ワーカーの賃金は，中国の50〜70％程度とされている。[2]

　堅調な成長を続けるベトナム産業の動向を具体的に確認したいのであるが，ベトナム産業に画期的な影響を与えたのは，やはり，ドイモイ（刷新）政策が象徴する政府の市場経済化政策であった。ドイモイ（刷新）政策を契機に市場経済の導入と対外開放を試み，積極的な外国資本の誘致を推進し，農業を中心と

図表1-2　1人当たり名目国内総生産額の推移

(単位：USドル)

年	2000	2001	2002	2003	2004	2005	2006
総生産額	401.57	413.34	440.21	489.03	603.67	699.68	796.93
年	2007	2008	2009	2010	2011	2012	2013	2014
	920.46	1,154.49	1,181.45	1,297.23	1,532.31	1,752.62	1,901.70	2,052.85

出所：Vietnam General Statistics Office, *Statistical Yearbook, 2015*, Statistical Publishing House, 2015.（換算）

したベトナム経済が大きく変革されつつある。もちろん，ベトナム産業が，工業化の兆しを明示化し，本格的な市場経済化を具現してくるのは，21世紀に突入してからである。持続的発展の実現には，ドイモイ（刷新）政策導入以降の政府の産業政策が寄与している。そして，市場開放，外資導入，企業法制と関連する制度面の改革が，内発的とまではされ得ないが，着々と推進されてきた。当初の国有企業重視政策にとどまらず，民間活力，私営企業の育成，私営企業のウエイト拡大が顕在化している。[3]政府は，ドイモイ（刷新）政策，市場経済の導入に積極的にリーダーシップを発揮してきた。特に，2007年のWTO加盟や2008年の世界同時不況後に選択された諸施策は，その後のベトナム産業発展に決定的な影響を与えている。

2-2 外国資本の導入

　ベトナムの産業発展，貿易動向に影響を与え，経済成長を大きく左右する要因に直接投資がある。ベトナムにとどまらず，東南アジア諸国は工業化の促進のために，輸出加工区を設定して，積極的に外資を誘致している。NIES，ASEAN諸国は，低賃金を基軸に外資を導入し，後発者の立場を活用しての工業化を促進している。つまり，東南アジア諸国の多くは，後発者利得をも基盤として輸出代替的な工業化を指向し，開放政策をとり，オフショア市場を開設し，低賃金を基軸に外資を導入して経済発展を実現している。インフラストラクチャーはじめ，投資環境を着々と整備し，貿易の自由化，投資規制の緩和を促進し，外資優遇政策等を提案している。外資に依存し，輸出代替的な工業化を進め，高経済成長を達成することになる。資本と技術を導入し，労働力を供給し，税金を徴収し，ひいては国産化を進め，市場拡大に努めている。インフラストラク

チャーの整備，自由化，規制緩和，そして外資優遇政策は，アジア諸国の経済発展のキーワードであった。1994年段階で，ストックでシンガポールは対GDP比約70%，マレーシアで約45%，インドネシアは約25%の対内直接投資を受け入れるという異常に高い外資依存状態にあった。図表1-3には，特に，21世紀におけるベトナムの対内直接投資の動向を示した。

図表1-3　対内直接投資動向（新規認可）

(単位：100万USドル)

年	2000	2001	2002	2003	2004	2005	2006
投資額	1,289	1,300	1,400	1,450	1,610	1,954	2,400
2007	2008	2009	2010	2011	2012	2013	2014
6,981	9,579	7,600	8,000	7,519	8,368	8,900	9,200

出所：アジア経済研究所『アジア動向年報』各年版より。

　いまだ，農水産鉱業の生産額が3割近くを占め，農業従事者が国全体の過半を上回ったベトナムにおいては，工業化のための外国資本の貢献は不可欠であり，外資に依存した展開を遂げている。外国からの援助，借款はもちろん，多数の保税地区，工業団地を造成し，対内直接投資に依存した経済発展に過度な期待さえ寄せてきた。90年代，急激なインフレの終息後，投資環境を整備し，対内直接投資を増大させてきたが，特に，以下の諸点が注目される。

　第1に，直接投資に関連する制度が，外国からの資本の受け入れ促進に向けて積極的に改革されている。ベトナムは，「外国投資法」（1987年採択）を制定し，外資導入に対処している。また，ベトナムでは，1988年に外国技術の移転に関する法令，1989年には，工業所有権の保護に関する法令が定められ，さらに，1990年には，「企業法」を改正するなど，法体系が積極的に整備されている。そして，外資受け入れのための輸出加工区や工業団地の形成が続いている。なお，最初に制定された「外国投資法」は，100%外国資本の投資案件をも認め，外国資本に対して規制の少ないもので，無差別的優遇が行われていた。その後，「外国投資法」は，90年，92年，96年に改正されている。90年改正では，輸入代替産業等に配慮している。関連して「外国投資法」では，資本金，技術水準，輸出比率，利益水準，立地条件等を勘案して優遇税率を定めている。92年の改正では，優遇税率が細分化，明確化され，政府の意向が前面に出ている。

外資を受け入れるに際して，先端技術分野，石油化学，インフラ関連，農村，過疎地への投資誘導を意図した国家戦略を展開している。これ以降，ベトナムの「外国投資法」は，重点項目を明示化し，政府の政策的意図を一層反映したものに改正されることになる。そして，インフラ分野で長期にわたる投資回収後ベトナム政府に無償で移転するBTO方式の投資を承認している。1994年には，申請手続きの簡素化を推進すべく「外国直接投資プロジェクトの形成，評価，施工に関する規則」が公布されている。1995年には対内直接投資について審査，許可していた国家投資協力委員会と国家計画委員会とを統合した投資計画省の発足等，制度改革が進行している。

　1996年の「外国投資法」改正では，外資の必要な部門や地域とそうでない部門や地域とをより明確に区分し，税の減免といった施策により，誘導政策を実施している。奨励分野としてインフラストラクチャー，輸出指向生産プロジェクト，農林水産物栽培と加工，環境保護や研究開発部門，そして，山岳・僻地，経済社会的に困難な条件のもとにある地域等があげられている。先端技術の適応，輸出比率の高い部門や商品・サービスおよび潜在力はあるが，当面困難な状態にある地域に外資を導入していこうとしている。技術と近代的経営についてのノウハウを獲得し，国際市場に速やかに参入するため，多国籍企業との協力促進を打ち出している。投資審査期間が3カ月から2カ月に短縮され，また，ベトナム・ドンでの投資が認められている。ベトナムでの合弁会社では，外国人が社長になれば第一副社長はベトナム人であることが定められており，取締役会では全会一致を原則としていた。96年改正では，この取締役会での全会一致項目の一部の削除，つまり，取締役会の全会一致原則が緩和されている。インフラストラクチャーの拡充，貿易自由化の促進，投資の規制緩和が進展している。1999年には，一部業種について，合弁企業から100％出資企業への転換が認められている。2000年の「外国投資法」改正では，合弁会社の意思決定における全会一致原則がさらに緩和されることになる。51％以上の合弁パートナーには制度上，一定程度の議決権が与えられている。そして，法律上，外国企業による企業買収が認可されることになり，外国企業が，土地使用権を担保に銀行から融資を受けられるようになっている。加えて，投資優遇策，外国人料金の是正が行われている。

　第2に，1980年代後半，バブル経済期の日本の輸入拡大がアジアの発展に大

きな影響を与えている。アメリカ産業も生産拠点としてアジアを積極的に活用してきた。先進国の政策や多国籍企業の戦略が，一時期，東アジアに多様な形態の大きな経済効果をもたらし，NIES，ASEAN諸国の国際的な地位の向上に寄与してきた。こうして，アジア諸国は，先進国の低迷にも関わらず驚異的な経済成長を遂げている。市場の斬新さ，経済発展のスピードといった点からも特異な工業化を進め，1人当たりGDPを拡大し，新興財閥さえ育っている。[4)]

　第3に，外国からの投資の受け入れ国としてのベトナムは，以下のような優位性を有している。まず，政治的社会的に安定しており，低廉で質の高い豊富な労働力を内包している。なお，ワーカーの賃金は，中国の50～70％程度とされている。そして，ベトナムは，8,300万人の潜在的市場を保有し，中国とASEANを結ぶ有利な地政学的位置を占めている。このような条件を背景に，投資優遇策（法人税の減免他）を打ち出してきた。呼応して，日系企業も積極的に進出してきた。主たる進出理由として，コスト削減，親企業追随，リスク分散（中国一極集中リスク回避），部品調達先・販路としての中国との連携の可能性，ASEAN域内拠点の集約・再編，投資環境の好転（米越通商協定の締結他），ベトナム国内市場の拡大等があげられている。そして，日系企業の直接投資は，国内市場指向を含む大型投資案件にとどまらず，IT関連中小企業等による直接投資の増加に至っている。また，合弁，内需指向から100％出資，輸出加工へとシフトしており，工業団地，輸出加工区への進出に重点が置かれている。当然，既進出輸出加工型の生産増強投資が拡大している。

　他方，次のような問題点が指摘されている。当該企業の特質により，程度は異なるが，部品調達の困難，インフラ未整備，不安定な政府の政策，相対的に狭小な国内市場，合弁相手の資金，能力不足，技術者・中間管理職の人材難，現在はともかく，数年先の労働力不足，輸出先からのダンピング対抗措置，域内完成品の低関税での流入（AFTAの影響）等が，問題視されている。さらに，ほかのASEAN諸国に比べ，土地，電力，運輸関連コストが高く，生産コストが相対的に高くなるといった指摘もある。

　進出企業は，一層の現地化の推進を試み，現地側のローカルコンテンツ要請以上に，現地部品の調達によるコストダウンを指向している。というのも，自動車部品の場合，現状の現地調達率は，タイの53.9％に対し，ベトナムでは，26.5％と3割にも満たない。モジュール化の推進および税制（関税等）ほかFTAと

いった制度面での改革が進み，アジアで国際的視点からの国際分業体制が進展し，ベトナムでの生産拡大と現地部品調達の要請は強くなってはいるが，条件は著しく好転してはいない。[5)]

　他方，現地企業は，進出した外国資本と合弁企業を設立したり，加工ないし部品業者として提携し，また，販売部門を担当するといった分野でのビジネスの拡大を試みている。だが，まだ，日系企業の品質，価格，納期の面での要求に十分な形で対応することは容易でなく，まず，電線とか梱包材等の分野で取引を拡大している。それゆえ，インフラ整備のほか，機械工業の裾野産業を育成することが，現地の大きな課題になっている。ただ，ソフトウェア開発事業，繊維工業等での合弁事業における現地企業の開発，生産，販売活動で果たす役割は大きくなっている。

2-3 外資依存の進展

　2001年より，合弁企業の外国投資部分，100％外国投資企業を内容とする「外国投資経営」が，新たに正式セクターとして位置づけられている。それまで，外国企業は，経済セクターの1つである「国家資本主義経営」（国有企業を主体とした合弁）における国有企業の合弁パートナーとしてのみ，正式セクターとして認知されてきた。100％外国投資企業をベトナムが目指す多セクター経済の一構成要素として正式に認知したことは，資金面，技術面で経済開発への外国企業の大きな貢献を認め，評価するというメッセージになるものとされている。同年，国有企業による市場独占体制を放棄し，更なる外資導入策を展開している。インターネット配信サービスへの民間企業，外国企業の参入が原則的に許可されている。また，2004年の改正「信用組織法」では，100％外国資本による金融機関設立の許可，外国の金融機関による在ベトナムの金融機関の株式取得が許可されている。投資環境が改善され，外資への対応が体系化されている。

　したがって，ベトナムへの対内直接投資の動向には，確認してきたように一定程度，進出企業の意向を受け入れながらも，政策的意図が反映されており，重，軽工業の誘致に重点が置かれてくる。1995年以降，「ハイフォン野村」（1994年），「ビエンホアⅡ」，「アマタ」等ラッシュとされるほど工業団地整備を推進し，積極的に外資を受け入れている。1997年アジア通貨危機以降，直接投資が

半減していたが，1999年の308件16億USドルをボトムに反転している。図表1-3には，ベトナムへの2000年以降の直接投資の動向を示しているが，2002年以降，対内直接投資が徐々に回復し，2005年1月から6月には，件数で北部14件，南部21件で，金額では，北部94.8百万USドル，南部27.2百万USドルとなっている。2001年から落ち込んでいた重化学工業への直接投資が，2007年以降，急増している。総額では重化学工業，次いで軽工業，建設，農林，また，運輸・通信が増大している。進出形態は，内需指向型，輸出加工型，委託加工型，資源（一次産品）確保型と多様であるが，やはり，輸出加工型が主流を占めている。国別動向では，フランスは急減し，主要投資国は台湾，韓国，日本，香港，米国等であり，増加傾向にある。シンガポール，香港，台湾はサービス業が多い。中国は，それほど大きなウエイトを占めてはいなかった。日本は，90年代，多額の投資をし，その後，中断し，21世紀にまた投資を増大している。日本の投資は過半が製造業である。そのほか，日本は，毎年800億円から1,000億円のODA援助額を供与している。これらODA援助は，主として国道整備，橋梁架設等インフラ整備に活用されている。関連して，2007年援助対象事業であったカントー橋崩落事故が起きている。なおも，ベトナム戦争当時国外に避難したいわゆる越僑関係者が約300万人おり，その人々による越僑送金が，年約50億ドルに達するとされている。こうした資本もまた，ベトナム経済と工業化に貢献することになっている。

　中国やタイは，重厚な製造業クラスターを形成してきたが，中国主要都市，バンコクでは，労働市場が逼迫し，賃金上昇傾向に直面して，エレクトロニクス産業等は，新規投資を他地域に分散している。分散投資先のASEAN諸国で新たな製造業クラスターが生み出されつつある。広州の一般工職の2005年の月額賃金は146ドルであったが，2014年には約3倍の460ドルに上昇している。つまり，最低賃金の上昇，インフレーション，政治リスクの拡大等は，中国以外の投資先をチャイナ＋1といった形での模索を迫っている。こうして，ベトナム北部，ハノイ・ハイフォン周辺地域へのエレクトロニクス産業の進出が急増大している。タイでも，失業率の低下，労働市場の需給逼迫と賃金上昇があり，タイ＋1が追求されている。

　ハノイ・ハイフォン周辺地域では，エレクトロニクス産業の生産拡大，具体的に，サムスン（携帯），パナソニック（洗濯機・配線器具・ブレーカ等），京

セラドキュメントテクノロジー（プリンター，複合機）などアンカー企業が相次いで生産を開始している。一部企業は，広州やバンコクに生産拠点を有しているが，労働市場の需給逼迫，賃金上昇をうけ，新拠点に新規投資を実行している。広州の近隣に位置し，広州からの部品供給の容易さ，一定のインフラ整備ができていること，EPE（輸出加工企業）やPEZA（フィリピン経済区庁）認定へのインセンティブ等が，日系企業のベトナム進出に影響を与えている。

ベトナム北部は，中国と陸続きであり，船舶・航空輸送に加え両国間では2日程度でトラック輸送が可能である。広州地域の企業が，ベトナム北部を新規投資先に選択する際，部品輸送等は，基本的にコストが割安な船舶輸送に依存している。加えて緊急に部品を供給する場合，広州からのトラック輸送が活用できることにより，当該地域は魅力的な拠点として受け取られている。

2-4 輸出拡大

国外からの直接投資と関連して貿易が，増大している。ベトナムは，一貫して貿易赤字を持続していたが，近年，貿易黒字を達成している。ベトナムの貿易形態は典型的な輸出加工型であり，直接投資に誘導され，周辺国から原料を輸入し，生産された製品を米国市場や周辺工業先進国（日中韓台）に輸出するというパターンを辿っていた。主要輸出品目は機械類や電気機器等の高付加価値製品が金額ベースでは最大であり，続いて履物やアパレル製品などの労働集約型製品が続いていた。いずれもアジア系企業や合弁会社による加工輸出が主軸となっている。特に近年は韓国企業，サムスンの進出により，携帯電話の輸出が急激に伸びている。2012年，13年ともに前年比で約倍増し，ベトナムの輸出額を大きく押し上げている。同品目は欧州地域やアラブ首長国連邦への輸出比率が高い。そのほかでは原油や石炭，水産物やコーヒー，ゴム等の一次産品の輸出も持続的に増大している。

主要輸入品目は主要輸出品目（機械類，電気機器，アパレル製品）の生産に使われる原料や半製品を主に，ほかには石油化学製品，鉄鋼，精密機器など，自国では生産（精製）が困難，もしくは需要に対応しきれない品目が高い割合を占めている。特に，携帯電話などの高付加価値製品の伸びが，ベトナムの貿易収支改善に大きく寄与している。他方，2010年までの最大の輸出商品は原油で

第1章　ベトナムの工業化とASEAN経済統合

図表1-4　ベトナムの主要輸出品目・輸出額（抜粋）

(単位：100万USドル)

品目名	2009年	2010年	2011年	2012年	2013年
総額	57,096	72,237	96,906	114,529	138,104
電気機器および電子機器	4,201	7,081	12,846	22,396	38,404
原子炉，ボイラーおよび機械類	2,369	3,140	4,175	5,880	12,006
履物	4,152	5,230	6,718	7,515	11,555
衣類および附属品（メリヤス，クロセ編み以外）	4,354	5,219	6,910	7,439	9,852
衣類および附属品（メリヤス編みまたはクロセ編み）	3,975	4,899	5,910	6,640	8,454
鉱物性燃料および鉱物油	8,507	7,980	11,008	11,353	8,337
家具，寝具，照明器具など	2,486	3,065	3,275	3,810	5,631
魚介類	3,611	4,110	4,942	4,868	4,212
コーヒー，茶，マテおよび香辛料	2,303	2,537	3,775	4,639	3,948
ゴムおよびその製品	1,556	2,935	3,953	3,626	2,528

出所：Vietnam General Statistics Office, *Statistical Yearbook, 2014*, Statistical Publishing House, 2014.

あり，産油国として，価格下落等に影響を受けながらも，健闘している。2012年，ベトナムの原油輸出量は約940万トンに達しており，最大の輸出先は日本（約280万トン）で，豪州（約200万トン），中国（約120万トン）が続いている。つまり，ベトナムは，一次産品の生産増大，輸出拡大，工業分野，工業製品については輸入と対内直接投資に期待するといった産業発展メカニズムのもとで，国内市場を拡大しながら，持続的な成長を実現してきた。ベトナムの持続的な経済成長は，市場経済の導入のほか，外国からの直接投資の受け入れ，そして，輸出拡大という3つの条件により支えられてきたと理解できる。指摘してきたように，21世紀に突入して，ベトナムの経済と産業は，大きな変化の兆しを見せているが，まず，2009年から2013年にかけて図表1-4のように，輸出が倍増し，2012年，2013年と貿易黒字に転換している。ベトナムの貿易は，次のような傾向を有している。第1に，輸出に関連する国内的，国際的な環境整備が進展している。政府は，貿易の自由化を進める等さまざまな輸出振興政策を展開している。2000年，食糧安全保障上の必要性から規制されていた米，化学肥料の

図表1-5　ベトナム主要輸入品目・輸入額（抜粋）

(単位：100万USドル)

品目名	2009年	2010年	2011年	2012年	2013年
総額	69,949	84,839	106,750	113,780	143,909
電気機器および電子機器	8,297	9,993	14,390	22,963	27,562
原子炉，ボイラーおよび機械類	9,983	11,517	13,208	12,698	15,808
鉱物性燃料および鉱物油	7,581	8,221	12,585	11,502	8,967
鉄鋼	6,150	7,134	7,688	7,547	7,306
プラスチックおよびその製品	4,044	5,430	6,721	7,119	6,958
衣類および附属品（メリヤス編みまたはクロセ編み以外）	84	145	177	225	484
綿および綿織物	1,499	2,054	2,726	2,367	3,999
光学機器，精密機器，医療用機器等	1,302	1,533	1,677	2,132	3,627
メリヤス編物およびクロセ編物	1,011	1,464	1,897	2,158	3,343
車両	2,524	2,304	2,438	1,722	3,109

出所：Vietnam General Statistics Office, *Statistical Yearbook, 2014*, Statistical Publishing House, 2014.

輸出入事業への参入が自由化されている。また，商業省が，AFTA域内におけるガソリンと砂糖を除くすべての品目の非関税障壁の撤廃を表明している。同年，輸出入品目に課する関税率，手数料，通関手続き等を「民法」，「企業法」，「外国投資法」などと調整，体系化するための「関税法」が，国会で可決されている。肥料と農薬の輸入関税の引き下げ，輸出関税・輸出手数料の免除，ビジネス契約手続きの簡素化等輸出促進措置を実施している。輸出品を生産，加工する企業に対して輸出支援優遇融資拡大を図ろうとしているほか，2002年後半以降，輸出品への付加価値税の免除，輸出支援金融，農産物輸出企業への奨励金等積極的な輸出振興策を打ち出している。

　他方，2002年後半より，2001年の米越通商協定の発効により，アメリカの輸入関税が40％から3％に急激に引き下げられている。米越交易関係の改善が，ベトナムの輸出拡大に果たした影響は大きい。さらに，ベトナムは，WTOへの加盟を指向し，2003年にアメリカと繊維・衣料協定，航空協定に調印し，繊維・衣料品等38品目に対し輸出限度額の取り決めをしている。また，航空協定により，アメリカとの間で，旅客機，貨物機の直行便が就航している。他方，中国のWTO加盟が，ベトナム製品の中国参入を容易にするという局面が認め

られる。日本もアメリカに続く，ベトナムの主要輸出対象国となっている。

ただ，交易問題も経験しており，2002年には，国内部品産業の保護育成を狙い，バイク部品の輸入制限を前年の250万台から，150万台に削減する数量制限の実施を試みてきた。そして，輸入割当てのうち90万台を地場企業に60万台を外資企業に割当てると発表していた。2002年前半に生産を伸ばしていた日系2社と台湾系1社が輸入部品不足となり，操業中止に追い込まれることになる。その後，外資系5社に18万5000台分の部品輸入割当てが追加され，3社の生産が再開されたが，2003年からも輸入規制が，数量，関税両面から検討されている。

輸出の急拡大に影響され，ベトナムの貿易収支が改善されている。ちなみに，2004年の貿易収支は，輸出265億ドル，輸入319億ドルで，貿易赤字は54億ドルであった。主要輸出品目は，言及してきたように原油，繊維・縫製品，履物類，水産物，木工製品，電子機器，米等であり，主要輸入品目は，機械・設備等，石油化学製品，鉄鋼，衣料・履物材料，織布，電子機器等から構成されている。ベトナムは，一次産品，軽工業品を輸出し，工業製品を輸入し，結果的に貿易赤字となっていた。ベトナムの輸出品は，国際価格動向に左右されやすい一次産品，軽工業品が中心で，低品質で，国際競争力を持っていないとされてきた。米国向け輸出が拡大しているが，2005年の輸出額の過半は繊維・縫製品であった。一次産品を輸出し，機械類を輸入するという構図のほか，原油を輸出して，付加価値の高い石油化学製品を輸入している。輸出拡大，特にアメリカへの輸出が，ベトナム産業の大きな牽引力となっていたのであるが，全体として貿易赤字であり，アメリカへの依存度が高く，輸出品目が一次産品，軽工業品にとどまっていた。すなわち，工業化促進が，ベトナムの深刻な課題であったが，電子部品の2004年よりの輸出増大があり，近年，貿易赤字は是正の傾向にある。ベトナムのエレクトロニクス製品の輸出額は，2010年わずか71億ドル（貿易収支28億ドル赤字）であったが，2013年には384億ドルと5.4倍（貿易収支109億ドル黒字）に増大している。なお，貿易において，外資系のシェアが輸出57.5％（輸出加工型）で，輸入37.15％程度とされている。外資の影響が非常に大きいことになっている。残念なことだが，2015年には，また，貿易赤字に陥っている。

3 ASEAN 経済統合

3-1 ASEAN の現状

　中国とベトナム・フィリピン間での自動車部品と完成品等の相互供給はFTAによる関税の減免を享受しており，国境を越えたサプライチェーンが拡張している。アジア新興国は，特に，外国企業に依存して輸出指向的な工業化を進めてきた。そして，アジア新興国への最終消費国としてのアメリカの果たした役割は大きかった。しかし，2008年以降，アメリカの役割低下は否めない。他方，外国資本，特に，製造業の躍進，雇用の安定，3億人に達するとされる年間可処分所得5,000ドル（約50万円）を超える中間所得層の増加があり，ASEANは世界の工場から世界の市場に転成してきたとされている（ユーロモニター日経2014年3月10日）。ASEANでは，市場の狭隘性を克服するためのAICOスキーム等が試みられてきており，1992年には，関税障壁を加盟国間で削減していくAFTA（ASEAN自由貿易協定）が締結されている。そして，AFTAと並行して，ASEAN+1（ASEAN・中国，ASEAN・日本，SAEAN・インド，ASEAN・豪州・NZとの各FTA）など多数のFTAが締結されている。FTAはアジア地域の企業活動を密度の濃いものとしている。アジア地域で新たに形成されつつある産業クラスターは，特定の地域に特定産業の集積を促進する傾向がある。

　特に，AFTAの自由化率は高く，2010年以降，ASEAN6カ国（CLMV［カンボジア，ラオス，ミャンマー，ベトナム］を除く）は，99〜100%の無関税率を実現しており，CLMVも，2015年以降，89〜93%の無関税率を達成しようとしている。ASEAN+1では，ASEAN・インドの自由化率が8割に達しているほかは，いずれのFTAでも約9割の品目が，無関税対象となる。こうした諸施策により，アジアに関税に影響されない巨大な貿易圏が誕生している。拠点をタイからカンボジアに移す企業も出ている。もちろん，インドネシアは，天然資源に恵まれているのであるが，構造改革，画期的な欧米向け輸出拡大効果を期待できない状態にあり，域内での自助努力で市場拡大を試みることになる。それでも過度な保護主義をとるのではなくて，効率的な市場の確立，貿易促進等を課題にしている。多様性を持ちながら，ASEAN全体で，均衡のとれた経

済成長を実現し，高所得国，高付加価値経済への移行を目指し，所得格差を包括的に解決しようとしている。

　FTAにより市場の一体化を志向しつつも，ベトナムでは，エレクトロニクス分野の製造業クラスターの形成が進展しており，自動車分野の新規投資は限定的である。他方，インドネシアは，エレクトロニクス分野の製造業クラスターよりも自動車産業のクラスター構築を優先している。かつて，アジア地域では最終財に対して，部品と比較して割高の関税率が課されていたため，企業が各国に組立工場を設置する事例がみられた。FTAを通しての市場の一体化は，企業の最適立地を促進，最も生産効率の高い地域に生産拠点を集約するインセンティブを企業に提供することになる。各国の市場規模が小さいASEAN諸国では，自由化水準の高いAFTAにより集約による規模の経済を追求しやすい状況を生みだしている。FTAによる集約化を促した事例がフィリピンの自動車産業である。フィリピンはAFTAの枠組みのもとで2010年以降，自動車に対する域内関税を撤廃した。その結果，タイやインドネシアから輸入が増加し，国内販売台数に占める国産車の割合は，2009年の47.2％から2014年には37.8％に低下している。2012年にはフォードが生産拠点をフィリピンからタイに移管している。

　さらに，2015年末にはAEC（ASEAN経済共同体）が発足しており，ASEANは，市場統合を加速化し，より深い地域統合，経済成長を支える新たな枠組みを具体化することになる。市場統合を進め，ASEANの進化が目指されている。現在，AECの進捗状況は90％まで達成されているとされており，今後，95.99％の関税がゼロとなる。これからも貿易，域内通関手続きの統一化（オンライン処理等）が進展することになる。技術者等さまざまな専門職の域内移動の自由化を推進しようとしている。AECが国際分業の進展を後押し，2015年以降，関税引き下げ，通関作業の簡素化が具体化しそうである。タイ，マレーシア等主要6カ国は，2010年に域内関税を完全に撤廃しており，ベトナム，ミヤンマー等後発4カ国も2018年を目処に関税をほぼ撤廃予定である[7]。

3-2 AECの進展

　AECのもとで加盟各国は，通常のFTAの枠組みを超えて新たな分業関係の在り方を模索することになる。域内後発国は，生産ネットワークに組み込まれることにより，産業化の加速化を期待している。先発高・中所得国にとっても労働集約的な工程を切り離す垂直分業により，より付加価値の高い分野に専念でき，域内の企業間では実際に多くの技術移転，技術革新が起きている。AECでは，まず関税の撤廃を課題とし，先発6カ国はすでに関税をほぼ撤廃，後発4カ国もこれに追随し，通関に要する時間も短くしようとしている。ただ，統合が深くなるにつれ，非関税障壁はじめ複雑な問題が出てくる。サービス分野の調整や労働者，技術者の移動の困難，国境での通関手続きの簡素化については課題を抱えたままでいる。AEC構想が，具体化したのは2003年である。1997年のアジア通貨危機に加えて台頭する中印のはざまで埋没しかかったASEANが再び外資を導入する手段として単一市場化構想を打ち出している。だが，ASEANは内需が牽引する形で成長軌道を強めたため，各国は自国市場の開放を躊躇していた。それにしても，AECは，単一生産基地と単一市場を創設し，①域内関税の撤廃等を通しての貿易の促進，②金融や小売りなどサービス産業の相互出資規制緩和，③熟練労働者の移動の自由化を目指すものである。その実現により世界全体の1割近い6億の人口を抱える巨大な経済圏の誕生が見越されている。そして，単一生産基地化を進め，先行国の経済発展が賃金の安い後発国に連鎖し，地域全体の底上げが期待されている。

　関連して，道路，港湾等の整備が進展している。ミャンマー中部のモーラミャインからタイ北部のメソート，ベトナムの工業団地ダナンまで1450kmを結ぶ横断道路，東西経済回廊の大部分が2006年に開通し，現在も道路拡幅が進行している。2013年には中国雲南省からバンコクまでを縦断する南北経済回廊も開通した。さらに，舗装や通関手続きの簡素化が進めば，ヒト・モノの流れがより円滑になり，一層の経済効果の高まりが期待される。海路の整備も進行している。カンボジア内部のネアックルン地域を流れるメコン河の上に橋長640mのつばさ橋が開通した。ベトナム・ホーチミンからカンボジア・プノンペン，タイのバンコクまで，インドシナ半島を横断する国際幹線道路・南部経済回廊の一部，900kmが1本の陸路でつながる。ほかにも，ベトナムでは，日本からの

ODAにより南北高速道路等のインフラを整備し，物流業界の基盤整備が進められている。ベトナム北部の最大の港湾都市，ハイフォンでは水深を従来の1.8倍の14mとするラックフェン港の開発が着手されており，2017年末に稼働すれば積載量10トン級の今の10倍のコンテナ船の入港が可能となる。

2015年に就任したインドネシアのジョコ・ウィドド大統領は，5年間でインフラ整備に50兆円を投じ，24の港を整備し，海洋国家を再興する計画を打ち上げている。タイの企業はメコン河流域圏で急増する国境貿易に関心を示し，投資を拡大している。大手財閥TCCグループは，河川港湾を整備しているし，貸し工場，倉庫大手のタイコン・インダストリアル・コネクションは貸し倉庫を増築している。電力に関しても，2020年までに各国の基幹送電網を接続するASEANパワーグリッド構想が進行している。各国の発電能力や国内需要，季節変動を踏まえ，電力を相互に融通する可能性が拡大している。

そして，ベトナムは，AFTAとも関連して2018年以降，前述のように自動車に関する域内関税を現状の50％から無税に引き下げることを予定している。アジア地域では，既存の製造業クラスターと周辺地域の相対賃金の変化，FTAによる市場の一体化等を背景に，分散しながらも特定地域に新たな製造業クラスターを生みだしている。2011年の大洪水の際，日系自動車工場のタイ＋1として，カンボジアやラオスが位置づけられてきた。タイは，産業の高度化を指向，加工度の低い工程を賃金の安い隣国にシフトし，国境を越えての生産分業を進め，均衡ある発展をうたうAECの趣旨を生かしてきている。AECの創設は，タイ，シンガポール等先進6カ国における99％の関税の撤廃，カンボジア，ラオスなど残り4カ国の18年までの撤廃は，ASEAN域内でのモノの移動の円滑化とインフラ整備や制度の一体化を進展させている。ただ，域内の関税撤廃については合意できても，ヒトやカネの移動規制を緩める議論は進展していない。インドネシアでは，逆に外資規制を強めてさえいる。

特に，ASEAN域内には巨大な格差が存在する。タイの1人当たりGDPはラオスの3.5倍，カンボジアの5.3倍である。タイが隣国の労働者を受け入れれば，経済格差が開く可能性は大きい。シンガポールの1人当たりGDPは，5万6,000ドルを超す。他方，カンボジアは1,000ドル，その差は50倍超である。市場を開けば域内先進国に飲み込まれる可能性がある。1993年欧州連合（EU）発足時，加盟12カ国の1人当たりGDPの格差は最大5倍であった。ASEANの場合，最

大で50倍，安易に門戸を開けば，弱国は強国に支配され，EU以上に深刻な問題を触発しかねない。

4 ベトナム産業の21世紀

4-1 経済改革

　刷新以降，経済計画を軸に，外資導入，輸出，国有企業改革，民営企業育成を通して，ベトナム産業は躍進を続けてきている。特に，2020年には工業国入りが目指されてきた。もちろん，順調に，経済発展を遂げてきているわけではない。2008年にはリーマン・ショックを経験しており，関連して物価上昇率が22.9％となり，インフレ抑制政策を実施，GDP成長率は，5.66％にとどまることになる。それでも，2009年以降，2013年まで5～6％台の成長を維持している。かつてのような高成長の未達成は，不良債権問題を抱える金融業界，大きなウエイトを占める国有企業の改革の停滞によるものとされている。当初，ベトナム政府は，2011年～15年の5年間で年平均成長率7.0～7.5％を設定していた。2014年から法人税率を25％から22％に引き下げ，国内企業の活性化，外資企業の誘致促進等の景気対策により経済成長率の達成を目指していた。そして，2020年までに工業国となることを目標に工業化・近代化を推進しようとしてきた。マクロ経済を安定し，成長率を維持し，インフレをコントロールして，社会福利厚生分野の改善，汚職防止等を課題としていた。現実には，前述したようにGDP成長率は5％台にとどまり，ASEAN経済統合も進行中で，未確定な状態にある。

　それでも，貧富の格差，地域間格差の縮小，是正を課題とし，特に，食品加工業，消費物資・輸出品製造，電気・情報技術等の発展を優先させるべき産業と位置づけていた。また，2011年からの「社会経済開発5カ年計画」，「社会経済開発10カ年戦略」において，産業構造改革，対外経済開放，人的資本開発，貧困解消等を重点課題とし，「マルチ・セクター経済」の発展を内容とする工業化の推進を掲げてきた。こうした施策とともに農水産業より製造業のウエイトが高まりつつある。[8] 21世紀，持続的成長を維持しつつ，農業国ベトナムが変質

しており，工業国化傾向が明示的になっている。ベトナムは，いまだ基本的に農業国であり，農林水産鉱業のGDP比は30％近く，農林水産業の労働力構成比は，2004年段階で60％近くを占めていた。そこで，2001年，政治局は「農業・農村の工業化・近代化に貢献する科学技術の研究，運用に関する指示」を出している。2001年は，米生産中心のベトナム農業の転換点となっている。国際的な米価格の低迷に見舞われたこともあり，ベトナムは，生産拡大奨励から生産効率と品質向上へと政策を転換している。そして，2002年中央委員会総会において「2001年〜2010年の農業・農村工業化・近代化の迅速な推進に関する決議」を採択し，工業への依存，近代化を推進し，一層生産性の高い農業への転換を意図した政策を追求することになる。2002年には，国家銀行が農業合作社の抱える1996年末以前の負債の免除を決定し，1997年に始まった農業合作社改革を加速する環境整備を進め，「集団経済の継続的刷新・奨励・効率向上」を意図する農業合作社の発展と効率化を促す決議をしている。2002年後半以降，政府は，農産物輸出企業への奨励金等輸出振興政策を積極的に打ち出している。同年農家への「委託契約」による農業生産を奨励する首相決議80号を発令し，高品質の農産物の生産を促進，輸出業者や卸売業者が効率的に流通ルートを活用できる制度を模索している。21世紀においても農業の近代化を目標とし，農業の機械化，農産物の高付加価値製品への転換，農業隣接工業の育成等を追求している。また，GDP比では，サービス業，ソフトウエア業等も注目され，外国への労働力輸出も実行されている。

次に，農業生産が拡大しているのは事実であるが，農林水産業に鉱業を加えたGDP比は，2001年に30％を割り込み，2003年には27.2％となっており，工業化が進行している。具体的に，2003年には，製造業が農林水産業の割合を上回っている。もちろん，2003年段階でも，商業，運輸・郵便・観光等サービス業のGDP比率が最大ウエイトを占め，かつ，上昇している。他面，2004年の農林水産業の労働力構成比は，50％台に落ちている。一層の工業化の推進が認められ，農林水産業より，製造業のウエイトが高まりつつある。1996年には，「2020年までに工業国入りを目指す」という政策課題を発表し，同年は「新しい発展の段階，工業化・近代化を推進する段階へとベトナムを変えていくための転換点」として位置づけられてきた。

ベトナムでは，先端産業は外国企業が担い，繊維産業や自動二輪車製造等一

部の機械工業においては地場企業が活躍している。鉄鋼業においては外資の受け入れが進められてきた。また，石油が採掘できるのに，石油精製能力は貧弱で，石油化学製品を外国から輸入している。鉄鋼，石油化学等の基礎素材産業や機械工業の裾野分野を強化することは国是とさえなっている。ベトナムに進出している外国企業も，高品質な部材の現地調達には困惑している。2000年に政府は，「知識経済」への転換政策を打ち出し，情報産業の振興に本格的に取組む姿勢を示している。「科学技術法」が改正され，情報産業振興，情報産業への外資導入，知的財産権の保護への対応を明確にしている。ホーチミン市郊外にソフトウエア工業団地を建設，インフラ整備や法人税の優遇措置による情報産業支援を打ち出している。また，2001年に政治局は「国際経済統合に関する決議」をし，米越通商協定の発効を契機に，AFTAへの参加を意図して，「工業化・近代化促進のために市場を拡大し，資金・技術・管理知識を獲得する」方針を確認している。ただ，1人当たりGDPが象徴しているように，ベトナムの生産力は，低位水準にとどまり，国際競争力を持ちえていない。

そして，ベトナムの投資率（GDP比）は，2007年の42.7%を頂点にその後低下し，2012年には30.5%にまで下がっている。投資率の低下とともに，2012年の所有形態別の構成において，国家部門が投資の37.8%を占め，民間部門38.9%とほぼ同じ水準にある。国家部門即非効率とはならないが，国有企業が持つ官僚体質は問題を抱えている。さらに，ベトナムのR＆Dへの支出（GDP比）はタイやフィリピン，インドネシア等ほかのASEAN諸国と比較して低位な状態にある。こうした諸点からも，国有企業改革の必要性が指摘されている。

4-2 経済統合とベトナム産業

こうした状態で，ベトナムは，ASEAN経済統合を迎えることになる。日系企業のASEAN投資は，1980年代に本格化している。マハティール元首相のルックイースト政策と連動してマレーシアに電気関連企業が多くの製造拠点を設立してきた。その後，自動車メーカーのタイ進出が増加しており，両国を中心にASEANは日本企業の輸出のための生産基地となってきた。もちろん，ASEAN諸国は地理的に多様で，業種面でも特異性を見せている。なおも，製造業の進出を先行して受け入れた国では，賃金上昇が生じ，価格競争力を低下してきた

ことから，域内分業を進めることになり，組み立て工程をカンボジア，ラオス等周辺国に移転してきている。国境をまたぐ生産ネットワークが拡張している。このような局面で前述のように，AECの2015年の発足が生起している。関税の引き下げ，通関作業の簡素化が具体化されつつある。タイ，マレーシア等先進6カ国は域内関税を撤廃しているし，ベトナム，ミャンマー等4カ国も18年を目処にほぼ全廃の予定である。つまり，ベトナムでは現在自動車に50％の関税がかけられているが，順次税率を下げ，2018年にはゼロなる。ただ，たとえばベトナムの2014年の新車販売台数は約15万8,000台で，全部国内生産されても規模の利益を出しにくい生産台数である。現在，部品メーカーや裾野産業の育成も進展していない。小規模生産，高コストのベトナムでの自動車生産は，域内関税の撤廃により，競争力を失い，大きな打撃を受けることになりかねない。日系メーカーは撤退を余儀なくされるかもしれない。AECが締結されても，国際競争力を有していなければ，新しい格差構造を生み出し，従属的な地位に置かれることになる。ASEAN経済統合，6億人市場の誕生は，大きな可能性とともに，市場競争の貫徹に伴う混乱，新たな格差を生み出すことを覚悟しておく必要がある。

5 むすび

21世紀，激動の世界の中で，ASEAN諸国は平和と経済的な繁栄を実現しようと多様な試みをしてきている。そして，ASEANは単なる世界の生産拠点としてではなく，6億人の市場規模を有する消費市場として位置づけられつつある。その発展パターンは，後発者利得の獲得といった伝統的な把握にとどまらず，情報，通信分野の革新により，現代的な様相を帯びている。一部，国有企業から転成した財閥や民間企業から多国籍企業として活動する企業も出現している。そして，新しい環境の変化と連動した経済発展やまた，持続的な経済発展を可能とする枠組みを模索してきている。それが，ASEANでのAECの帰結であり，21世紀のASEANの活路の開拓にほかならない。

ただ，本章では，新興国の発展の可能性やASEAN経済統合の推移の考察を射程に置きながらも特に，ベトナムの経済発展とその特殊性，農業の発展を踏

まえた工業国化を指向し，生産性向上を目指した産業発展，高経済成長の達成過程についての分析を試みてきた。21世紀に突入し，ベトナム経済，ベトナム産業の枠組みが大きく変化しており，この変化を確認してきた。21世紀，ベトナム経済は大きな画期に直面している。ベトナムの産業構成比，出荷額比，従業者数からして，ベトナムは農業国から工業国への移行をより進展させている。農業の出荷額，従業者数が過半を割り込んでいる。また，ベトナムの輸出先が欧米日からASEAN内にウエイトをシフトしている。ASEAN域内での交易が増大している。大きな変革が生起しているのであるが，現段階においてベトナム経済やASEANの経済的自立，アジア内産業循環の構築を確認することはできない。そして，ベトナムが目指してきた工業国入りも，今なお，確実視はされ得ない。しかしながら，ベトナムが，厳しい国際環境のもとで持続的な経済成長を遂げてきているのは事実である。躍進してきたベトナム産業の発展を支えた諸条件を確認し，急速な発展を支えた諸条件の変化やベトナム産業の現況さらに問題点を指摘してきた。ベトナム産業の内発的発展の可能性の方途を探るといった視点から，ASEAN経済統合に向けて裾野産業の誘致を進め，産業集積の高度化を目指すベトナム産業の動向を考察し，ベトナム産業，企業の発展の可能性の模索を意図してきた。鉄鋼，石油精製，石油化学等基礎素材産業育成や企業改革と産業構造の変革等は，ベトナムにとって今後も深刻な課題である。ただ，ASEAN経済統合を実現し，関税が撤廃されることは弱小な産業や企業にとっては抜本的なリストラクチャリングの可能性さえ高くなる。それでも，ベトナム産業は，政府の産業政策をよりどころに，徐々にベトナム的な工業化，近代化を進めざるを得ないであろう。

[注記]

1) 本章における統計およびベトナムにおける多様な傾向は，Central Statistics Office, *Statistical Yearbook of Vietnam*, Statistical Publishing House 2000～2015, 日越貿易会 (2013)『ベトナム統計年鑑2013年版』ビスタ ピー・エス，200ページ，および，アジア経済研究所『アジア動向年報』各年版，JETROの報告書等の指摘に依存している。特に，引用を明記してない箇所があるが，アジア経済研究所『アジア動向年報』に依拠してベトナム産業の動向を指摘しており，ベトナム産業の変遷に関し，独自の知見のほか，二次データに基づく論述をしていることを明記しておく。

2) 最近のベトナム，ASEANの動向に関しては，日本経済新聞の記事を参考にしている。
3) アジア経済研究所『アジア動向年報』各年版，(社) 日本電子機械工業会 (1995)「躍進するアジアにおける半導体市場・半導体産業の動向とベトナム市場の最新動向」22ページ。
4) ブレインワークス編著 (2008)『ベトナム成長企業50社』カナリア書房，122ページ。
5) 浦田秀次郎 (2004)『アジアFTAの時代』日本経済新聞社，44ページ。
6) AECの動向等については，日本経済新聞の記事を参考にしている。
7) 前掲『アジア動向年報』各年版。
8) 大西勝明 (2009)「21世紀のベトナム産業と企業改革の課題」専修大学社会知性開発研究センター『韓国およびASEANの産業発展と中小企業』112ページ。
9) National Assembly of The Socialist Republic of Vietnam, *Enterprise Law-year 2005*, p.38.
10) 前掲『アジア動向年報』各年版。
11) 佐藤百合・大原盛樹編 (2006)『アジアの二輪車産業』アジア経済研究所，28ページ。
12) 大木博巳編著 (2008)『東アジア国際分業の拡大と日本』JETRO，226ページ。

[付記]
　本研究は，私立大学戦略的研究基盤形成支援事業平成26年度より平成30年度まで，『メコン諸国における経済統合の中小企業への影響についての研究―ASEANサプライチェーンの観点から―』をテーマとした研究成果の一部でもある。

第2章

メコン地域諸国の進出日系企業の動向

1 ベトナムのビジネス環境

　ベトナムは社会主義のもとでの計画経済であったが，中国の「社会主義市場経済化」を見倣い，1980年代末から経済分野の自由化を進めてきた。2006年には世界貿易機関（WTO）に加盟して，貿易・投資のルールを世界標準化し，2006年はGDP成長率も8.2％となり，画期の年であった。11月のWTO加盟によって国際経済社会に本格的に参加し，世界にベトナム経済が公式に認知された意義があった。1986年のドイモイ政策発動（共産党第6回党大会）は市場経済の開始であったが，この成功的な帰結となった，WTO加盟以降，政府が力を入れているのは海賊版の取り締まりである。これを実施しないとベトナム製品の輸出や外国企業の直接投資にも影響する。ベトナムの家電業界には合弁企業は多いが，純粋な地場企業は少なく，わずかにVetronix,Tendをあげることができる程度である。ベトナムの電子工業会などが品質向上運動をしており，また共産党も一定程度支援している。

　さらに現在，米国，日本等と共に環太平洋パートナーシップ協定（TPP）の創設メンバーとして，一層，経済の市場経済化を促進している。依然として，国有企業のGDP成長率に占める割合は高く，2015年の見通しベースで，貢献度30％程度となっているものの，ベトナム地場の民間企業が約48％，外資系企業が22％程度と近年では民間セクターによる経済成長への貢献度が70％までに伸びている。有力な民間企業と提携してベトナムに直接投資を行おうとする外資系企業にとってビジネス機会は拡大していると考えてよいであろう。

　現在，GDPの産業別構成比率は，第一次産業（農業水産業），第二次産業（製

造業および建設業)、第三次産業(サービス業)の創出するGDPはそれぞれ9％、44％、47％である〈2015年見込み〉[4]。このように、製造業含む第二次産業、サービス業含む第三次産業はいずれも約4割を占めており、ベトナムはもはや工業国と言ってよい。生産拠点を中国からベトナムに移す外国企業の動向も顕著であり、世界の製造業の拠点として存在感を増している。製造業の発展とともにサービス業の規制緩和も進んでいる。サービス企業のベトナムへの直接投資が一層進展するものと考えられる。実際、新しい分野である先進国のソフトウエアハウスからのオフショア開発(海外にソフトウエア開発を委託すること)によるソフトウエアなどプログラミング開発は国際競争力が向上している。

　日系企業は従来から、ベトナムの投資環境に比較的高い評価を与えてきた。それはベトナムの国内政治が比較的安定しているうえに日本との外交関係も安定していることが評価されているからだが、また、日系企業がベトナムで直面する問題にベトナム政府が耳を傾ける体制が存在しているからでもある[5]。その最たるものが「日越共同イニシアチブ」である。日本政府とベトナム政府の間では2003年4月に「日越共同イニシアチブ」(図表2-1)が設置され、直接投資にかかわる問題を話し合いで解決していく仕組みができた。ここではベトナム政府および経済界が外資企業に対する投資環境を改善するために実施すべき内容を「行動計画」として認定し、その改善施策にかかわる進捗評価を両国の関係組織間で行うものである。具体的には在ベトナムの日本人商工会議所が投資環境の改善要望を日本政府やその関係機関に提出し、行動計画を作成する。その計画を日本政府側が取りまとめ、ベトナムの関係省庁に伝える。そうしたプロセスの中でその内容を精査・調整し、さらに両国の合同委員会のもとで合意の最終の行動計画とするものである。計画の決定後は実施をベトナム政府が主体的に行い、側面支援(経済援助、技術援助等)を日本政府が行うというという流れになっている。

　例えば「賃上げストライキの多発」、「インフラ整備の不足」、「裾野産業の未成熟」といった投資環境上の日本企業からの要求はこのシステムを通じて公式にベトナム政府に伝えられ、対応策が検討される。ベトナムにおける日本人商工会議所はこれまでにもさまざまな投資環境問題について、このようにベトナム政府に意見を上申して、改善された実績が上がっている。

図表2-1 「日越共同イニシアチブ」第三期の主な行動計画

投資環境改善分野	項目
法制度・投資環境	取締役会決議ルール改善，外国投資窓口強化，ワーカー向けインフラ整備，食の安全，報道被害への対応，流通業規制の緩和，マクロ経済の安定
税務・会計	法人税損金項目の明確化，短期滞在者免税手続きの改善，付加価値税インボイスの公正な運用，戦略的投資家の選定方法，貸出上限規制の緩和
労働	不適法なストライキへの対処，時間外労働拡大，人材育成
物流・税関	国際間陸路輸送円滑化，国際貨物ターミナル改善
知的財産権	知的財産権侵害の取り締まり強化，制度改善，啓蒙活動
産業	裾野産業育成，自動車産業育成
インフラ整備	電源開発の促進，PPPスキームの導入，港湾整備，通信サービス向上，都市内交通の安全性・利便性向上

出所：藤井亮輔「日越共同イニシアチブ及び日越経済連携協定（日越EPA）について」(2007)

2 ベトナム産業の問題点

　物価などの原価も上昇しており，中国にコスト的に競争力が劣るのではないかとの感じすらするほどの勢いである。最近では中国でのコスト上昇が激しいため，あとは製造現場における生産性が中国並みになれば，ベトナム製品にも価格的に十分競争力がある，という。[6] ベトナム政府も組み立てだけの工業からの脱却を図るために技術力が求められる部品，原材料製造のための「裾野産業」の育成を急いでいる。地方政府のこの分野への外資企業に対する誘致活動は激しくなっており，地方間の競争という状況になりつつある。例えば，2014年に成田空港から航空機の開通した中部，ダナン市は日本企業の誘致に的を絞って活動を活発化させている。

　裾野産業の中核となるのが，優れた地場中小企業の育成であるが，これはこれからといった段階である。MPI（ベトナム投資計画省）の大企業，中小企業の分類は地方政府の国有企業，民間企業の分類と必ずしも一致しない。中小企業の勃興はGDPの拡大に貢献すると認識されている。

　問題は政府に中小企業政策はあるが実際のサポート活動に結びついていないことである。裾野産業の育成のために中小企業の育成は重点が置かれているが，

ノウハウや技術のほかに特に資金調達において政府からの支援は少ない。

中小企業側の企業経営の能力の問題もあるが，商業銀行は国有銀行のプレゼンスが圧倒的で中小企業に積極的に融資しようとする銀行は少なく，そのため審査能力もなかなか涵養されていない。税制優遇もないため，景気変動から大企業よりもいっそう厳しい影響を受けている。インフラの整った工業団地は多くなってきたが，大きなロットの販売を目指すあまり，中小企業への分譲は後回しになっている。しかし，オートバイの組み立てをする比較的大きな地場メーカーは数社育ってきている。部品企業も出てきているが品質がまだ十分でなく，ホンダなどに納入しようとするが断念することが多い。中国製の輸入部品を使って地場の組み立てメーカーがバイクを製造していることが増えている。しかし，一般的には製造業の中小企業はハンディクラフトなどが圧倒的に多い。日本の工業品城下町のような地域形成を目指すために機械部品などで中小企業間の提携，連携を促進するという視点も出てきている。

中小企業の増加で多いのは建設業，サービス業，繊維関係である。中国製バイクは農村市場で圧倒的である。価格面で強いためである。ベトナムが比較的競争力を持つ繊維産業は，WTO加盟により米国の対ベトナム製品輸入割当制度（quota）の廃止があったが，FDI（直接投資）の増加というメリットがでてきた。また大手の国際的ファストファッションからの委託も増加している。ただし，国有企業は大企業，民間企業が中小企業という構図はまだ依然として不変であり，国内の繊維企業は難しい局面にある[7]。

しかし，一般的に中小企業は設備投資の資金に困っていることに加えて，流動資金にも困っている。このため労働生産性をなかなか向上できない。他方，大企業では資金が株式投資，土地投資にまわり設備投資に向かわない傾向も小さくない。民間企業では出来高払いが多いのは事実である。VCCI（ベトナム商工会議所）の運営については加入メンバー7,000社からの会費，事業収入，受託プロジェクト，事務所賃貸の独自の収入と政府からの補助金（7から8％），メンバー企業からの会費（3から4％）で成り立っている[8]。

総括すると，ベトナム産業の問題点は外国からの原材料輸入だけでなく，国内の生産で原材料・部品をまかなうようになることにまだ目途がついていないことである。そうした部品は輸入でなければ，ベトナム国内に進出している外資に依存している状況である。特に比較的競争力のある繊維製品の素材などの

国内加工比率を高めたいところである。2015年のASEAN経済共同体（AEC）の完成に伴い周辺国との産業競争が厳しくなるため，現在，業種ごとの工業団地を各地に設立して一種の産業集積地にする構想がある。[9]

3 日系企業進出の一般動向

　日系企業進出の一般動向を産業分野別にみると日本企業のうち，比較的早期に進出していたのは繊維，電気機械，二輪等の輸送機械である。米国が対ベトナムの禁輸措置を解除した1994年以降から，本格的に日系企業の進出が始まった。1995年2月に筆者はハノイ市内で日本の寝具メーカーから試作的に製品の縫製を委託されたという企業を訪問したことがある。まだ，大量の発注には至ってないようであったが，ベトナムには国営繊維企業のVINATEXが多数の工場を傘下に抱えており，その分離独立などの改革が進んでいたところでもあり，技術力のある一部の企業は十分日本企業の要求する品質水準を満たせる潜在力があるのではないかとの印象を受けた。現在，日系繊維大手の縫製委託が多いが，一部直接投資で自社工場を持つ日系企業もある。縫製委託は現地企業にデザイン・使用素材を指定したうえで発注し，生産技術指導を行い，製品を買い取るという形での進出となっており，いわば，OEM生産である。

　日本メーカーは縫製作業が多い労働集約産業のアパレル分野では早期から海外での生産に取り組んできた。1990年代から2000年代までは中国を中心とした生産拠点に大きく依存してきた。

　しかし，2010年代に入ると，中国における労働賃金の急激な上昇とストライキの頻発，人民元の交換比率の上昇，外国企業に対する当局の優遇措置の廃止，日系企業へのナショナリズム的反感等，投資環境の不安定化が現実のものとなったため，日系アパレル各社も生産拡大分についてはベトナムに生産移転する動きが顕著である。2012年にオンワード樫山と三陽商会はそれぞれ中国国内生産委託を約10％程度引き下げると報じられた。[10] ベトナムについては三陽商会が15％まで引き上げ，さらにそのほかはミャンマーを委託生産拠点にするという方針を発表した（図表2-2）。このほか，アパレル子会社を多く抱える関西系の伊藤忠商事がベトナム，ミャンマー，バングラデシュ，丸紅がベトナム，ミャ

図表2-2　アパレル大手の中国生産比率

企業例	中国における生産比率（%）
ワールド	60
オンワード樫山	75
三陽商会	55

出所：日経産業新聞2012年9月26日

ンマーに縫製拠点の整備を拡大・充実させる方針を表明した。[11]

　そのほかの製造業も電機でホーチミン，ハノイ，ハイフォンをはじめとして部品を持ち込んで組み立てる合弁工場を早期から設立した。筆者は1995年に既にホーチミンに進出して本格操業をしていた旧三洋電機工場を訪問させていただいたが，ベトナム労働者の可能性の大きさを評価していた。現在では二輪車，四輪車の組み立てメーカー，その関連部品製品メーカーなどの工場が南部ホーチミンのみならず，北部のハノイ，ハイフォンに多く集積している。ベトナムの電機は外資メーカーが製造を主導的に担っている。外資企業は合弁および100％外資である。合弁の場合はベトナム側が現物出資で，外資側が資金を提供する形である。主な電機分野の外資はソニー，サムソン，三洋，インテルなどである。100％外資は富士通（ドンナイ省）である。合弁で進出時期が早いのが藤倉電線で10年以上前から進出して生産している。

　また，新たな有力開発拠点としてベトナムに期待しているのはソフトウエア業界である。日本語能力と距離的近接性により中国の大連や上海に多く開発委託を行っていた日本国内のソフトウエア開発，システム開発企業はベトナム側からの強い期待と日本語学習者の増加もあって，ベトナムへのオフショア開発拠点を拡大させている。筆者の知る限りでは2000年代から日本語教育とソフトウエア開発が併せて語られるようになった。今では日本語教育と開発受託を併せて事業にしている日系，現地系の中小企業も多くなっている。地場企業の製造能力は外資企業との提携や取引を通じて，次第に向上している。特に機械部品や工作機械の製造においては外資系企業とのかかわりの中で技術力を涵養しているが，オフショア開発のプログラミング開発も外資企業からの委託で競争力がついている。[12] 人材面では工場のワーカーは引く手あまたで賃金上昇が顕著であるが，大卒のIT開発者にはより大きな人材需要があり，短期的な待遇面で満足しなければ転職してゆく傾向が強い。

図表2-3　日本企業におけるオフショア開発発注の経緯

年代	ソフトウエア開発業界関連の動向
1980年代後半〜末	・証券，銀行業界の大規模システム開発が国内技術者の不足につながる。 ・韓国，中国，インドへ拠点探索。 ・欧米企業はインド，シンガポール，フィリピンに開発拠点移転。
1990年代	・優秀な技術者の獲得競争（中国，インド）。
2000年代初頭	・IT不況で価格競争（2001年）が始まる。 ・日本の顧客企業がコストの安い中国企業へ直接発注。
2000年代後半	・ベトナムでのソフトウエア拠点化開始。ホーチミン等でオフショア開発受託に有利な日本語教育等も併せて行う日系受託会社の設立が見られるようになる。 ・中国，インドのソフトウエア開発企業の日本進出（顧客との緊密化を追求）。
2010年代	・日系ソフトウエアハウス等がベトナムにおけるソフトウエア開発拠点を拡大する。

出所：筆者作成

　WTO加盟により2009年からはベトナムはサービス分野においても外資企業に市場を開放しつつあり，人口増と所得向上を背景とした海外流通業の進出が加速すると予想される。地場流通業の保護を意識して，ベトナム政府が求めるその進出認可手続きには依然として，まだ，やや不透明性があるとの指摘があるものの，外資企業の進出は着実に増加している。国際流通グループの大手であるドイツのメトロ，韓国の大手財閥ロッテ，日本の流通グループであるイオン，高島屋（2015年）が進出済み，あるいは進出の決定を行っている。このうち，最も積極的であるのが韓国系のロッテマートでハノイ，ダナン，ホーチミンに合計10店舗展開している。外資側出資比率100％という形でも小売業の進出が可能というまで，外資小売業の進出規制が緩和されつつあり，将来，1億人の市場になると期待されるベトナムに対する小売業の進出は今後も，引き続き，加速するものと思われる。

　ところで，ベトナムの小売業界はまだ地元の零細商店によって担われている比率がきわめて高い（図表2-4）。[13] 店舗数ベースで零細商店数が6,000とすれば，百貨店，スーパーマーケット，ショッピングセンター，コンビニエンスストア等の近代的小売業店舗数は10という割合である，他方，売上比率で比べると伝統的販路による小売総額は8割，近代的販路による小売総額は2割と推定されている。流通業の近代化・国際化に対する外資企業の貢献の余地は大きい。

図表2-4　人口100万人当たりの店舗の比率

国名	伝統的販売店舗：近代的販売店舗 (A)　　　　(B)	(B)/(A)　(%)
ベトナム	6,000 ： 　10	0.2
タイ	5,000 ： 130	2.6
中国	4,000 ： 160	4.0
マレーシア	2,000 ： 210	10.5
インドネシア	12,000 ： 　65	0.5
フィリピン	8,000 ： 　40	0.5
韓国	2,000 ： 850	42.5

出所：チン・トイ・フン「ベトナム消費市場の現状とその諸特徴―各種資料から―」
（専修大学産業研究センター公開シンポジウム「アジア消費市場のフロンティア」2014年11月15日）報告資料より著者作成

　工業化と都市化に伴って安心・安全な食品供給，高度な医療・福祉分野の水準向上へのニーズも高まってきた。これは都市部の中間層以上のニーズとして顕著になってきている。ただし，農村部では伝統的に高齢者を家族でケアするのが美徳とされる風習が根強い。この分野ではこうした問題をすでに経験して実績のある日系企業への期待がきわめて強い。

　サービス業のうち，物流では進出基盤の指標として重要な国内道路網の整備が急ピッチで行われている。まず，ハノイとホーチミンをつなぐ国道1号線はハノイ，ホーチミン周辺は整備が着々と進行している。この2つの都市の後背地は工業団地が林立し始めており，それらと国際港湾とのアクセス道路や旧市街をスキップするバイパス等がかなり建設された。

　ただし，この2つの大都市の中間であるベトナム中部周辺では，とりあえず舗装はできているものの路幅が十分ではない個所が多い。コンテナートラックなどとともに二輪車があふれるように走っているベトナムの交通事情を考えると問題が残っている。現在，南北をつなぐ大動脈である国道1号線は大規模な拡幅工事が行われており，車線の増加により，大型輸送車が安定したスピードで走れるようになりつつある。こうした道路状況の改善に伴って，海外のロジスティックス業者もベトナムで事業を推進し始めている。例えば，図表2-5のように日本ロジテム，三菱倉庫，日新，郵船ロジスティクス，日本通運等がそれぞれのターゲット分野を定め，物流事業を展開している。

写真2-1 拡張進むベトナム国道1号線(筆者撮影)

図表2-5 ベトナムでの物流網を拡充する日系企業の事例

企業	ベトナムへの投資活動
日本ロジテム	ハノイ，ホーチミン，ダノンの3都市に大型倉庫を新設
三菱倉庫	現地物流大手と物流合弁会社を設立
日新	ベトナム国鉄と組み自動車・家電輸送の専用貨物列車を運行
郵船ロジスティクス	ハノイ―ホーチミン間の陸運ルートを検討
日本通運	24時間警備や危険品保険・冷蔵・空調機能を備えた多機能倉庫をホーチミン郊外に新設

出所：日経産業新聞2011年9月7日

　陸上国境を持つベトナムでは近接の諸国との道路網の接続も進んでいる。中国―ベトナム間の陸上交通路の整備により，2008年よりハノイと中国華南（広州）を結ぶ定期便トラックを日系フォワーダーが就航させた。ハイフォン港などからの海上輸送に加えて，中国での部品をハノイの組立工場に搬入し，組み立て後に第三国に輸出するというビジネスモデルが日系メーカーの間で想定されている。
　また，日本政府が協力しているミャンマーからベトナムまでインドシナ半島を横断する東西経済回廊はベトナムの中部の要衝であるダナンからラオス中部

写真2-2　ベトナム，ダナン港のコンテナターミナル（ガントリークレーンが２台設置）（筆者撮影）

の主要都市サバナケットまでは既に外資系輸送企業によっても活用が行われている。サバナケットはメコン川の対岸にあり，渡ればタイ国内に入る。南下すればアユタヤ等，日系製造業も多く立地する地域に到達する。東西経済回廊の開通によって日系企業はタイの東部臨海地域に立地する製造拠点から完成品，部品のベトナムへの搬入，さらには中国華南地域への陸上輸送のリンケージも可能になっている。日本のフォワーダーの中にはハノイから中国南部への定期トラック便をすでに開始している企業もある。

　南部，ホーチミンからカンボジアのプノンペンまでを結ぶ国道22号線（カンボジアでは国道１号線），すなわち，南部経済回廊も周辺地域の開発が進んでおり，周辺の工業団地への外資企業の進出も著しい。日系企業もその例外ではない。したがって，この動きが発展していけば，ベトナムはタイや中国華南地域と並ぶ家電，自動車の産業集積拠点のひとつになる可能性がある。

　ベトナムと西側のラオス，タイをめぐる物流網の現状について少々触れておきたい。ベトナムの中部の要衝，ダナン市からつながる東西経済回廊上のラオスのサバナケット市はメコン川に面した都市であり，前述のように，近年，日

図表2-6　南部経済回廊とSEZ（優遇を付与された工業団地）

SEZ名	位置	日系企業数（社）
プノンペン	プノンペン市	36
シアヌークビルポート	シアヌークビル市	2
マンハッタン	ベトナム南部国境	1
タイセン	ベトナム南部国境	15
コッコン	タイ南部国境	2
ポイペト	タイ中部国境	0

出所：廣畑伸雄「カンボジアに進出する日系中小企業の立地要因」アジア経営学会第21回全国研究発表大会報告（2014年9月14日）

本企業の工場進出も次第に進んでいる場所である。メコン川を望むその対岸はタイ東北部の主要都市のムクダハン市であり，すでに述べたように，メコン川の国境を結ぶ橋梁は日本の経済援助によって建設された第二友好橋である。ムクダハンから西進し，タイ北部を横断し，直進すると最終的にはミャンマーに到達する。一方，ムクダハンから左折（南下）し，タイ北部を縦断すれば，タイの一大工業地帯，東部臨海地域のレムチャバンやラヨン方面に到達するという位置関係である。

写真2-3　東西経済回廊上（ラオス領内）にある「道の駅」

日本の協力で設置（筆者撮影）

なお，物流網の整備が進んでいるのは東西経済回廊だけではない。サバナケット市の運輸局によるとベトナムに貨物を出す物流網でも，東西経済回廊以外のルートを利用する荷主も出てきているという。そのうち最も利用されつつあるのが，東西経済回廊の北側にほぼ平行して走る「国道12号線」のルートやメコン川沿いに南北に走る「国道13号線」を利用するルートである。前者はタイ北東部から，直接ベトナム北部の首都ハノイに抜け，さらには中国の広州を目指すものである。また，後者はタイ東北部の主要都市，ウドンタニからラオスの首都ビエンチャンを通って，まっすぐに北に向かって中国の雲南省の省都，昆明に抜けるルートである。東西経済回廊による東西の物流ルートとは別に現実味を帯びているのが，こうした南北の物流ルートである。中国企業等はこうした「国道12号線」，「国道13号線」という南北ルートをうまく活用しているといわれる。実際，ベトナム・ダナン港湾局へのインタビューによると，現在のところ，東西経済回廊等の陸上経路を通ってダナン港から海外にシッピングされる貨物は，ベトナムからシッピングされるラオス関係全体の貨物の2％ほどに過ぎないという。東西経済回廊がまだ「優先的に」選択される主要な物流ルートにはなっていないということも残念ながら現実の一面としてとらえておかなければならないようだ。

4 日系企業のオペレーション事例

　次にベトナム現地で操業を行っている日本企業へ，近年，筆者等が実施したインタビューに基づき，進出企業の概要と日常のオペレーション事例を検討してみたい。

4-1　日系企業V社（交換機製造[18]）

　同社の事業は2007年当時，現地の国有企業との合弁事業が大きな変革に迫られていた。
　TDM交換機をベトナム側との合弁で製造する会社だが，2007年7月にその交換機の製造の中止に追い込まれていた。技術革新に対応して，IP電話関連の

通信方式関連のソフトスウィッチ製造やハードウエアのメンテナンス，エンジニアリングサービスと販売に定款を変更。急な変更に対応するため，日本の本社から，日本製の幅広い機器を仕入れて販売した。背景には交換機の導入は1台数億円かかるがIP通信のシステムは数千万円ですむことがある。顧客のニーズがこちらに変わっていくからである。IP電話のM3システムが1年で急速に浸透。引き続き，部分的に残存する交換機の市場は低価格品に強い中国の華為やZTEが市場を抑えていくことになった。

加えて，日系進出企業向けにITソリューション会社を設立（2006年5月に設立）。交換機の製造中止にともなって，余剰人員をほかの日系企業に転職斡旋。転職が，決まるまで給与の70％を払うなどV社として誠意を見せたので労働争議などの問題にはならなかった。

ベトナムではNEC（日），シーメンス（独），アルカテル（仏），LG（韓）の4大メーカーがベトナム側とそれぞれ合弁企業を設立し，交換機等のハードウエアを製造していたが，これら合弁会社もそれぞれの対応をとらなければならなくなったものである。これまで，過去に納入した機器については15年間の保守契約があり，スペアパーツの供給を継続。

4-2 日系S社（自動車部品加工：エンジンカバー製造）[19]

同社は，ベトナムでは本業の工作機械製造は行っておらず，輸送機械向け部品製造を行っている。日系の二輪組み立てメーカーのニーズによるものである。ベトナムでは二輪関係の需要は拡大している。増産のために今まで中古であった工作機械に加えて新品の工作機械10台を日本から輸入し，また日本でもやっていない鋳造を開始し，一貫生産する計画である。これまで日系企業に委託していた工程も内製化して，品質と納期のコントロール力を強める目的を持っている。これは納入先である日系二輪組み立てメーカーが新機種を立ち上げつつあるからである。

日系二輪メーカーとは3年間の買取契約ベースで供給している（部材を輸入し，当社が加工してから広島アルミが鋳造・塗装し，組み立てメーカーに納入する製品と，鋳造しないで，同社が加工したあと，直接，日系メーカーに納入する製品とに分かれている）。将来，ベトナムから製品を輸出することを計画

中。しかし，ベトナムでは中国製二輪車との熾烈な競争があるため，日系納入先からのコストダウン要求が厳しくなっている。既存製品に対しては年2回5％程度のコストダウン要求がくる。これによる利益圧迫を新機種用の部品の納入でカバーしている状況。ただし，高品質高付加価値の製品もベトナムで需要が拡大してゆくと見込む。また，将来はエンジンカバー以外の四輪向け新規製品を拡大していきたい。また，大型工作機械部品の製造もニーズを見込んでいる。

現地の製造技術水準については向上しているが，これからと考える。鋳物関係とアルミ関係の素材を現地調達するが，鋳物関係の製品は品質（硬度）のばらつきがある。また，一部エンジン部品も調達しているが，これについては同質化してきている。ただし，加工精度については厳しい水準が必要。現在，設計は日本で行い，ベトナム工場では旋盤加工をしているが，これからはベトナム工場でも設計を行ってゆく計画である。このための人材育成（本社への研修生派遣）も始めている。

人材・労務管理については現在2交代制で操業している。ワーカークラスの募集は容易である。人件費は日本の20分の1であり，コストメリットは大きい。8割方の人員は最初の1年は試用期間で2年目から本採用である。短大卒の技術者は15名ほどである。女子社員は入社3年間結婚・出産を思いとどまってもらう。日本からの出向者は2名。このほか，毎月経理担当者と社長，部長が出張してきている。ほかに適宜技術人員等が来越する。3～4年でワーカークラスはかなりできるようになる。責任感とやる気の醸成が課題であり，忙しいときにがんばるという気持ちが足りない。能力給，勤務状況による昇給によりこの課題に対応している。喫緊の課題である品質向上のために今後もこうした人材の訓練・育成が必要。

日本本社との取引関係は基本的なものは日本から輸入し，現地調達は鉄骨等にとどまっている。途上国からの輸入はタイ製あるいは国内ではホーチミン辺りから調達するのが精一杯。本社からは資本増で新規設備投資に対応。取引通貨はドルである。国内のホンダ，ヤマハともドル決済をしている。ドル会計を採用している。

4-3　日系T社（監視カメラ製造）[20]

　音響機器は製造額全体の6割〜7割の生産である（深圳，インドネシア，台湾工場）。セキュリティ関係製品（佐賀工場＝高級機種，ハノイ工場＝汎用機種。ハノイ工場は佐賀工場の3分の1の規模）は25％程度。当工場はもっぱら監視カメラ製品を製造し，日本の本社にいったん売却し（ドル取引），そこから欧米，日本，そのほかアジア市場に輸出している。今のところ開発機能はないが，本社から許可は受けている。エンジニアの採用ができておらず，まだ始めていないだけである。日本市場は95％でそのほか合計は5％である。販売会社を欧米に置いている。2桁伸びの市場だが，ほとんどの電機メーカーが参入しており，競争は厳しい。製品は部品点数が数百程度で，2年〜3年が商品サイクルである。レンズは日本製であるが，そのほかの部品は周辺国からの輸入である場合もある。これからはカメラのみならず，デジタルレコーダー（記憶装置）の容量拡大と小型化が求められていく。

　従業員は120名。うち，100名はワーカー。平均年齢は22歳と若い。ワーカーの月給は50ドルから70ドル（初任給）。スタッフはこの3倍である。勤務時間は8:00から17:15（昼休み50分）。17時ではなく17:15と15分伸ばしたのは，これにより月1回土曜日を休みにするため。現在は1シフトだが，需要のあるときには2から3シフト。

　優秀なエンジニアを採用したいが，需要が供給を上回っており，なかなか見つからない。採用できてもなかなか定着しない。引き止め策は研修と給与。給与相場は日系企業の進出拡大で上昇中。日本語のわかる人員も引っ張りだこである。募集は大卒のエンジニアならば大学就職課，新聞，インターネットで広告する。高卒以下のワーカーは工業団地の募集掲示板である。従業員は通勤可能地域からの出勤。寮は必要ない。生産ラインの技術エンジニアには男性社員，細かい手作業の生産ラインには女性社員が多い。作業内容の特性によるもの。また，事務，管理にも女性が多い。大家族制に支えられて，女性は出産後仕事に復帰するのが普通。賃金は歩合制や出来高制はとらず，年齢・経験が同じ従業員の給料は大体同じ水準。全員に面接をして行う給与改訂は年1回。成績が悪いから解雇するということはしていない。組合もある。課題は通訳を通して行う現地従業員とのコミュニケーション。「報告，連絡，相談」がない。佐賀工

場はほとんど主婦パートだが，提案もありで，レベルが高い。

現地調達部分は1割くらい。純粋なローカル企業からの調達は取り扱い説明書くらいである。残りは輸入し，当工場で組み立てている。

4-4 日系S社（二輪車部品）[21]

四輪車と二輪車のヘッドライト製造がメインの事業。ハノイ市所有企業との合弁企業である。配当で現地パートナーともめたことはない。本社との金融関係は借入金，技術ロイヤルティ，技術指導人員の対価，配当，部品納入代金である。借り入れは本社の信用でハノイのみずほ銀行や東京三菱銀行から行っている。給与はベトコムバンク。ベトナムではドル借り入れは年利6％くらいである。低金利だからといって円で日本から借りる等は行っていない。移転価格を利用した節税も行っていない。機械の輸入代金はドルベース，製品の販売代金はドンであり，為替リスクがあるが，デリバティブなどでヘッジすることは行っていない。

生産は納入先の日系二輪メーカーの需要増のおかげで年率30％以上の伸びである（ドンで取引）。バイクのライトの需要は底堅く，売り上げは伸びている。四輪車はWTOの影響で競争が激化して，価格が下がっているが，需要は伸びている。ハノイやホーチミンの土地取得問題が済み次第，工場拡大の構想の準備をするつもりである。

四輪車・二輪の競争状況は日本メーカーと中国勢では狙うターゲットが違うが，競争は激化するだろう。二輪は四輪と異なり，部品点数も少なく，金型も小型なのでデザインチェンジを頻繁に行うことができる。競争に勝つためにはこうしたチェンジも必要である。地場企業の製造力はまだまだ十分ではない。短期的な売り上げだけに注力しており，長期の品質向上のための努力もしていない。長期的な取引関係の構築に関心が薄いように見える。外国のバイク・自動車メーカーに納入できるようになるには5年くらい必要であろう。同社は現地で金型4台を作り始めた。最新式のNC機械を使えば9割方できるが，金型は最後の仕上げが難しい。同社も日本から1名の技術者，日本へベトナムから行った研修生，これに随時日本からのサポート要員で行っている。金型の品質は日本と変わらないものになるという。

従業員は設立からこの10年間で700人から1,100人に増えた。従業員の失敗は責めないが，故意に損害を与える行為があれば解雇する。勤務態度の悪い場合も数回の猶予を超えれば解雇対象になりうる。知識よりも愚直にがんばる従業員を評価するという方針である。退職率はきわめて低い。短期的な業績悪化ではリストラはしないのが会社に対する従業員の信頼を勝ち得，定着率を高めていると理解している。こうしたイズムが定着するまで丸3年かかった。日常の問題解決は現地スタッフに任せ，日本からの出向者（経営陣）は最後の裁定を担当。

4-5 日系P社（光学機器）[22]

生産能力拡大基調にある。設立時の人員は450人であったが，現在，1,450名にまでなっている。この人員の拡大（2.5倍）は投資拡大（2倍），生産台数拡大（2倍）に対応するものである。ラインは2交代生産で増産しているがそれでも追いつかずカンバンのバックオーダーも発生している。製品は少量多品種（150種）であり，かつ製品によって品質水準がそれぞれ異なる。

マネジャークラスは大卒，技術人員は短大卒である。大卒（新卒）が能力の割には高い待遇を最初から要求してくるのが日本と違うところである。中には良い待遇を求めるジョブホッピングの常習者がいる。2回以上転職経験のある人は定着率が悪い傾向がある。現在は95％前後の定着率。

現在のような急拡大期にはまた，人材育成と組織整備が追いつかず，不良品率が一時的に上昇している。部品はある程度の経験があればできるようになるが，オーダー製品は熟練が必要で一朝一夕にはできないところが品質向上の難しいところである。少量多品種生産につきものの変化に対する対応にエネルギーがとられ，数量報告のシステムができ上がってこない。生産台数も毎日の業務終了後，自動的に現場から報告されるということはなく，質問して初めて，把握するなどということがよくある。日本のようなタイトな時間感覚ではうまくいかない。従業員に対する信頼の一方，注意して管理することも必要であり，このバランスが難しい。従業員は言われたこと以外やらない傾向が強い。社会主義時代の「下手なことをして罰せられると損」という気風が残っているのかもしれない。

課題は少量多品種生産に効率よく対応できる態勢の構築，連絡報告の徹底で

ある。大学時代にしっかりした社会人としての教育が不十分なのではないか。

　日本本社と他社（H社）との経営統合の影響はない。事業部制が徹底しており，当工場の製品はH社との重なりもないため，今後も現状が大きく変わることはない。H社のベトナム工場はガラスの研磨のみを行っているので当社との納入関係は全くない。

4-6　日系企業B社[23]（金型機械，ハノイ）

　T通商，S産業の共同出資会社。国内販売では金型を日系二輪メーカーに供給している。このほかにイタリア企業に供給。輸出は南アフリカ（日系メーカー向け）に少量。四輪用の金型供給を増やしてゆく予定。ベトナム市場で優勢にあった中国製，地場製の低価格のバイクが都市部市場で後退し，日本製が持ち返している。品質を重視する市場になっている。ただし，農村部では依然として中国製，地場製が優位である。金型材料の金属を商社が輸入し，当社に供給，あるいは製品を輸出しているため，輸出入手続きの問題点には業務上，直面していない。

　工作機械は日本から日系工作機械メーカーから主に超大型マシニングセンターを輸入。域内特恵関税制度は活用していない。また，金型を作る金属（鉄）は日本，中国，韓国，台湾などから輸入している。このうち韓国からのものが主流。どこの国の鉄（製品）を輸入するかは顧客である輸送機械メーカーの指定による。20万台以上生産する製品の部品に耐えうる場合は日本製が高くても要求され，10万台未満の生産規模の製品の場合は安い中国製でもよい，などという具合である。

　価格は毎年10～20％のプライスカットを納入先から求められているが生産現場の生産性向上やコスト削減で対応している。生産資機材は特殊でベトナムでは調達できないため，輸入して持ち込んでいるが，外資優遇制度（EPE）により関税免除，所得税も5年間減免されている。

　同社にとってもEPA（日本と外国との間の経済連携協定：自由貿易協定の一種）はメリットがでてくるであろう。WTO加盟後も，金型メーカーはまだ進出が少ない。その上に特定部品を特定メーカーの仕様，品質水準に会うように供給することを義務付けられているので，金型メーカー同士で競争するには至っ

ておらず，すみわけが確立している。同社の製品は外資の中でもトップクラスの品質水準である。中国金型メーカーは中国バイクメーカーに収めている。北部には外資金型メーカーが4〜5社進出しているが，それぞれ納入先が決まっており，競争にならない。

4-7 日系電機メーカーC社[24]

　ハイフォン近郊に立地。日本メーカーの100％子会社。白黒のレーザープリンター製造。2006（平成18）年1月設立。従業員2,000人（2008［平成20］年2月現在）。製品は日本本社に一度ドルで販売し，それから世界市場に輸出される。月産10万台。生産は2シフト。ショートラインと呼ばれるラインとセル生産の中間形態で生産。中国の深圳工場にカラープリンターを集約し，こちらは白黒プリンターに特化という考え方。チャイナ＋1だが，皮相的な「リスクヘッジ」でのチャイナ＋1という考え方ではなく，コスト等を考えた積極的な意味での＋1で2007年から操業開始したばかりである。部品は中国およびベトナムに進出している日系部品メーカーから調達。完成品は日本本社に（書類上）販売し，それから全世界に輸出（ドル建）。在庫を極力少なくするために，部品輸入は頻繁に行っている。

　手続き自体に問題はないが通関「手数料」（領収書なし）が大きな問題。また輸入ドキュメントにケアレスミスがあると，それに対しても「罰金」を徴収される。外資優遇のEPE制度対象企業なので関税は無税で現時点では特恵関税制度（ACFTA）は活用していない。この優遇税制が廃止されたあとにAFTA, ACFTA等の利用を考えなければいけなくなるであろう。EPE指定により，日本等海外から輸入する部品，生産資機材の関税は無税。しかし，この優遇制度もWTO加盟に伴う優遇制度の削減で次第になくなっていく見込み。ベトナムでのオペレーションに関して資金調達は特に問題ない。部品はドルで輸入し，製品は日本本社に全量ドルで輸出しているため，為替リスクもない。

4-8 日系輸送機械メーカーD社[25]

　ハノイ郊外に工場立地。二輪車，四輪車の両方の生産を行っている。二輪車は

110万台，四輪車は0.4万台生産している。四輪は世界の当社グループの中で最も小さい工場である。四輪は生産設備の償却費が高いため，自動化率を極力抑え，手作業を行う部分が多い。生産台数1万台を超えれば次第に自動化を進めることになろう。自動車に関わる特別消費税が50％であったが，6人乗り以上の乗用車に対しては30％に削減したので，ワゴン車の需要が急増している。二輪は不具合による事故が多発し，高級品の日系車への人気が高まっている。二輪は最も安いプロダクトラインで91％まで現地調達率が進んでいるので部品輸入の余地はあまりない。四輪はベトナムでエンジンを組み立てているが部品の大半はタイ，フィリピン，台湾，日本，インドネシアから輸入している。

現地サプライヤー（日系）からはワイヤーハーネスとブレーキペダルを調達。ASEAN域内からは例えばタイからはプレス板金を入れている。部品輸入については原産地証明（フォームD）によってAFTAを活用。申請書類作成が大変負担である。

完成車について，四輪は輸出していない。二輪は一部のごくわずかな部品をラオス，カンボジア，フィリピンに輸出しているが，数量が少なすぎて問題は感じていない。中国からは輸入していないので，ACFTAは活用していない。AFTAにおいては部品輸入をCEPT（ASEAN諸国間の優遇関税制度）に乗せて節税を行っている。

「CKD：セミノックダウンキット」として一般関税を使うと25％の関税であるが，「部品」としてCEPTを適用すると5％になる。ベトナム政府はAFTA関税について，スケジュールどおり，着実に進めていると考える。フォームDへの対応がASEAN域内の当社の関連企業の拠点でもできていないところがあり，ASEAN域内の部品輸入すべてにおいてCEPTが適用できるわけではない。タイの当社はようやく，すべてのベトナム向け供給品に対してフォームDをスムーズに取得できる社内の体制を整えた。ほかのところは必ずしもそうではない。「申請書類作成に手間がかかる」といったレベルの話なのだが，コストに響くため，悩みの種である。WTO加盟以降，先進国メーカー間の代理店展開が活発になっている。当社は7店だが，日系M社は20，GMは30，日系T社は20である。

完成車輸入関税が100％から60％まで下がっている。WTO加盟後のベトナム政府は着々とコミットメントを履行していると思う。知財についても市場に

(「危険」として）中国のコピー車に対する敬遠感が出てきており，意識が強くなっている。当社へのバイクの部品供給メーカーのうち，純粋な現地メーカーは最初5社だけだったが，今は15社まで増えてきた。もちろん40社もの日系，外資系のサプライヤーがあり，それを考えるとまだまだ少ない。従業員の技術レベルが上がってきた。溶接工は半分の人員をフィリピン，タイ，台湾で研修させている。資金調達や為替リスクについては特に問題は感じていない。

4-9 日系システム開発X社[26]

　ホーチミン市に立地。IT事業のプログラマーの育成および日本からのシステム開発のオフショア開発業務を請け負っている。オフショア開発は日本でのオンショア開発に比べて50％から75％のコストカットが実現できるので，このビジネスモデルは今や一般的である。このほかにCICS社とのタイアップで日本でのものづくり研修を終えてきた研修生にベトナムでの職場を紹介している。

　業務のキーポイントは「日本語」であり，ITエンジニア向けの日本語教育も行っている。日本側の経営責任者が頻繁にベトナム入りし，作業工程の進捗と品質をチェックしている。

4-10　日系人材派遣会社Y社・ソフトウエア開発会社Z社[27]

　ホーチミン市に立地。養成したIT人材を仲介し，日本に1カ月に15名程度を送り出している。ソフトウエア事業も展開している。ホーチミン工科大学等大学，短期大学，各種専門学校，労働促進センターと提携，人材を募集する。ただ，大学卒は少ない。機械加工分野の人材が多い。

　事前教育は，ベトナムの派遣機関が，5カ月の事前研修を実施することになっている。日本語，日本の文化習慣を学習指導している。特に，日本語については，19週間を費やしている。さらに，21週間の事前教育期間を活用し，日本の文化習慣について学習している。そして，日本での円滑な生活や研修成果達成のために，5S等17項目についての事前教育を受けることになっている。また，集団行動ができるようにするため，計7日間の2回の合宿を実施している。

　研修の成果を確認し，選抜テストを実施している。また，3カ月の日本語教

育の後，職業訓練が，組み込まれている。日本側の外国人研修制度は，外国人労働者を日本に受け入れ，1年以内に日本の産業，職業上の技術，技能知識の習得を支援するものである。また，外国人技能実習制度は，研修期間とあわせて最長3年間にわたり，修得した技術，技能，知識を雇用関係のもとで，より実践的に習熟することを目的としている。技能の諸外国への移転を図り，各国の経済発展に貢献する人材の育成を課題としている。

　こうした制度のもとで，日本においては，1年間の研修期間（研修生手当）の後，2年間の技能実習（各都道府県，業種別最低賃金適用）を受けることになる。ベトナムでの月収は，7,000円～13,000円程度。

　日本では，協同組合関西経営開発センター（1993年設立）を含む3組合が窓口となり，外国人研修制度，外国人技能実習制度等を活用して，ベトナム人を研修生として，技能実習生として，システマチックに受け入れてきている。国際的な貢献とは別に，日本の中小企業の人材確保の実態を確認することができている。

4-11　日系金属金型メーカーK社[28]

　日系金属金型メーカー。中国拠点2箇所（蘇州，深圳），ベトナム（ハノイ），メキシコ（米国から移設）の海外拠点のうちのひとつ。金型の中でも薄物（携帯電話の配電盤など）の金属金型製造。中国深圳工場から金属素材を海上または航空にて輸送。余裕をもって少し在庫を抱えるようにしている。

　進出経緯は日本の取引企業の要請による（2004年）。現在はそのほかにも小規模の取引がほかの日系企業とある。中古機械を日本から移設して生産スタート。はじめはタンロン工業団地の管理棟の一室を借りて小さく始めた。

　資金に余裕があったため，これまで借り入れの必要はなく，2008年には自己資金で内装工事を行うこともできた。本社への設備機械代金は資金に余裕ができたときに払う，ということでよいとされている。資金決済のサイトは30日～60日ある。現金決済となっている。資金繰りに窮したことはない。同社と同様，日系企業はほとんど日系銀行と付き合っている。ドルベースの決済が多い。政府の政策で地場銀行にも口座開設をしなければならないということはない。100％輸出のライセンスをもらって操業しているため，取引は外資系企業100％で

ある。手形や支払延期が少ないので日系銀行との取引のほうが安心である，という。同社はホーチミンの取引先に対しては先方からデータを送ってもらって，ハノイで製品化して納入している。この際にハノイの税関で輸出手続き，ホーチミンの税関で輸入手続きが求められるが，書類上の手続きだけで特に問題はない。

なお，市場環境は次第に韓国系金型企業が進出しつつあり，それらと競争すると値段が下がっていくことになる。厳しくなることが予想される，という。

4-12　日系電線メーカーT社[29]

　ハノイに立地。同社は名古屋の電線商社から始まり，生産を行うメーカーになった。1993年に香港進出（営業拠点：100％出資）。その後，中国南部の経済特区にある深圳工場を立ち上げワイヤーハーネスを製造し，さらに上海にも生産拠点を作った。2006年3月にハノイ工場が認可。2007年3月に生産開始。ベトナム内の日系企業に納入している。フルキャパシティは500名であるが，現在230名，1シフトで生産している。

　日本の本社20％，香港子会社80％の100％日系子会社。ここでの利益は法人税の安い香港にてプールし，再出資も香港から行うようにしている。資本は当初200万米ドルであり，その後，資金繰り逼迫により，300万米ドルに増資した。親会社に資金的な余裕があるときは出資の形にし，余裕がない場合は親会社が取引銀行から借りて，その資金を親子ローンにすることになるであろう。本社の取引銀行から同行のハノイ支店に融資枠を設定してもらっており，それに手をつけることになろう。資金計画などはすべて本社がグループ内で資金を有効に使用するためにコントロールしたいとの意向である。したがって，地場銀行から独自に工場が資金を借りるのをむしろ嫌う。本社との取引（部品，機械）にかかわる支払いも工場の資金繰りのサイトを延ばしてくれる。それによって無駄な資金を外部から借りなくともよいように調整している。親子ローンもそのプロセスで銀行に手数料などを払わなければならないため，むしろ出資できればそのほうがよい，という。

　親会社との取引に金利，手数料やランニングロイヤルティを支払っている日系企業も多いが，当社はそうした方針を採っていない。移転価格税制問題で各

国の税務当局の規制も厳しくなるので，各拠点がまちまちな対応をとらず全社的な整合性のある対応をとろうという方針である。

経営上の課題は人手不足による賃金上昇への対応，日本語能力のある人材の育成である。以前は大手日系企業が周辺の日系企業のために日本語教室を開設していたが，最近は各社が単独で行っている。一昨年にストライキが多発したため，ハイズン省にも連絡会が発足し，賃金水準にかかわる情報交換等を行うようになっている。

WTO加盟の影響でまもなくEPE（4年免税7年減税）の優遇が廃止され，再投資部分の税率優遇が少なくなっている。日本人商工会議所はこれまでさまざまな投資環境問題についてベトナム政府に意見を上申してきた。改善されたものもある（トラック運送費用へのVAT課税など）。聞く耳を持っているベトナム政府であるのがありがたい。

5 ベトナム投資の課題

日系企業の投資環境上の懸念は今後，日系企業のベトナムにおける企業活動の範囲が拡大してゆくとともにカウンタパートになることが期待されるベトナム企業の改革と成長が期待していた程には進んでいないことである。ベトナムではこれまでにも国有企業，金融機関の規制緩和が行われてきた。しかし，あまりに急速に改革が行われたせいか，海外からの投資資金の増加により，国内での通貨供給もふくらみ，それが株式や土地投機に流れた反面，企業競争力の内実である組織改革，技術開発，製品開発に資金が投下されてこなかったという傾向が見られる。さらに，その後，土地投機も過剰なレベルに達した後は2011年に高いインフレ率の抑制を狙った金融当局の引き締め政策により，土地に投資を行っていた多くの企業は「バブル崩壊」的な状況に直面し，損失の処理に資金が使われている模様である。[30]

こうした状況下で国有企業改革と企業競争力強化のために政策的に推進されてきた国有企業集団から傘下の事業部が民営化する速度が鈍っている。これは土地バブル崩壊による株式市場の停滞も関連している。また国有企業の運営に慣れた経営者が市場経済に的確に対応できないことも大きな原因であると思わ

れる。例えば，筆者が訪問インタビューした企業のひとつである繊維素材製造企業はいったん巨大国有繊維グループから分離・独立し，民営化しようとしたものの経営不振に陥っている。この過程でスペイン系の繊維企業のベトナム製造拠点として工場をリースし，その企業向けの製品を安定供給するビジネスモデルにより安定した経営を目指した。しかし，そのスペイン企業がベトナム市場で売り上げ不振に陥ると，リース契約は解除され，結局，元の親企業を含む国有企業数社の資本参加を通じた救済によって経営を維持している。しかし，筆者が訪問した2012年11月現在，工場の稼働率は半分程度にとどまっており，経営状況は依然として改善の兆しが見えていない。同社の再建を託された社長は中間管理層の市場経済への理解の欠如と新製品開発やマーケティング知識の不足をあげている。

　高い潜在性が期待されてきたベトナム経済であるが，2012年は過去13年間で最低水準のGDP成長率（5％）にとどまり，この中で企業改革が順調に行われるか否かは不安なしとはできない。通貨安を背景に好調な輸出は日系企業にとって，引き続き生産拠点を移す場所としての魅力を持っているものの，中長期的に期待できるベトナム国内市場を見据えた直接投資を考える場合，特に小売サービス業など国内需要をビジネス対象とする日系企業にとって，ベトナム側の企業のレベルアップが投資環境上の大きな関心のひとつとなるであろう。

[注記]

1) 本稿は拙著「ベトナムの投資環境と日系企業の操業動向」『専修ビジネスレビュー』Vol. No.1（2013）および「ベトナムの投資環境への視角－日系企業の進出動向とローカル企業の現状と課題－」，大西勝明編著『日本企業のグローバル化とアジア』文理閣（2015）所収，拙著「メコン・クロスボーダー地域とビジネス環境－物流，生産，消費をめぐって－」『専修商学論集』，第101号（2015）に加筆修正を加えたものである。なお，研究資金は2014年度文部科学省「私立大学戦略的研究基盤形成支援事業」による。
2) ベトナム共産党中央委員会対外関係局，同中国・北東アジア課に対する大西勝明，小林守，荒井久夫によるインタビュー（2007年8月）
3) Tran Thi Van Hoa, *Business Environment and SME Development in Vietnam*, 2015, Intenational Symposium on Sept. 5, Senshu University.
4) 同上。ベトナムの産業分類による。
5) 後藤健太「ポストM&Aにおけるベトナム繊維企業の競争戦略」，坂田正三編『変容する

ベトナム経済と経済主体』（2008）日本貿易振興機構アジア経済研究所，pp.89-118。
6）2014年2月ベトナム・ホーチミンの日系繊維工場におけるヒアリング。
7）ただし，軍服などの官需品を製造している繊維メーカーは比較的安定している。
8）2008年ベトナム商工会議所などへのインタビューによる。
9）投資計画省外国投資庁に対する大西勝明，小林守，荒井久夫によるインタビュー（2007年8月）
10）日経産業新聞2012年9月26日
11）同上
12）日系総合商社ベトナム駐在員に対する大西勝明，小林守，荒井久夫によるインタビュー（2007年8月）
13）チン・トイ・フン「ベトナムの消費市場の現状とその諸特徴－各種資料から－」専修大学社会知性開発研究センター/アジア産業研究センター，2014年度第一回公開国際シンポジウム，2014年11月15日報告資料。
14）小林守「メコン・クロスボーダー地域とビジネス環境―物流，生産，消費をめぐって―」『専修商学論集』101号，2015年7月。
15）サバナケット市政府運輸局長へのインタビュー（2014年9月8日）
16）「中老運輸通道之変―従十多天縮短到3天，従単線路変為多線路」『老撾商業資訊』，pp.26-27，2014年7月。
17）ダナン港副港湾長へのインタビュー（2014年9月5日）
18）大西勝明，小林守，荒井久夫によるインタビュー（2007年8月）
19）同上
20）同上
21）同上
22）同上
23）筆者によるインタビュー（2008年3月）
24）同上
25）大西勝明，小林守によるインタビュー（2008年3月）
26）大西勝明，小林守等によるインタビュー（2008年8月）
27）同上
28）筆者によるインタビュー（2010年2月）
29）同上
30）銀行の不良債権比率は2012年9月末現在で8.82％の高水準であり，2012年通年で倒産・営業停止に追い込まれた企業数は2011年比で2％増加し，約55,000社に達すると報道されている（日本経済新聞2012年12月25日夕刊）。

［参考文献］
藤井亮輔「日越共同イニシアチブ及び日越経済連携協定（日越EPA）について」2007年11

月25日講演資料
日本機械輸出組合『インドシナ半島における投資・物流環境の現状と事業機会』（2008）日本機械輸出組合
坂田正三編『変容するベトナム経済と経済主体』（2008）日本貿易振興機構アジア経済研究所
中島義人「競争力強化のための投資環境整備に関する日越共同イニシアチブ」（2006）2006年2月7日講演資料
Tran Thi Van Hoa, *Businjess Environment in Vietnam*, August 6, 2011. 専修大学商学研究所シンポジウム講演報告資料
日経産業新聞2011年9月7日
日経産業新聞2012年9月26日
日本経済新聞2012年12月25日夕刊
小林守，久野康成公認会計士事務所，㈱東京コンサルティングファーム著『ベトナムの投資・会社法・会計税務・労務』TCG出版（2011）
日本貿易振興機構ホームページ「海外ビジネス情報」www.JETRO.go.jp/indexj.html
小林守「ベトナムの投資環境と日系企業の操業動向」『専修ビジネスレビュー』Vol. No.1（2013）専修大学商学研究所
チン・トイ・フン「ベトナムの消費市場の現状とその諸特徴－各種資料から－」専修大学社会知性開発研究センター／アジア産業研究センター，2014年度第1回公開国際シンポジウム，2014年11月15日報告資料
廣畑伸雄「カンボジアに進出する日系中小企業の立地要因」アジア経営学会第21回全国経営学会研究報告大会，2014年9月14日
小林守「ベトナムの投資環境への視角－日系企業の進出動向とローカル企業の現状と課題－」，大西勝明編著『日本企業のグローバル化とアジア』文理閣（2015）
小林守「メコン・クロスボーダー地域とビジネス環境－物流，生産，消費をめぐって－」『専修商学論集』第101号（2015）専修大学学会
Tran Thi Van Hoa, *Business Environment and SME Development in Vietnam*, 2015, Intenational Symposium on Sept. 5, Senshu University. 専修大学社会知性研究開発センター／アジア産業研究センター，2015年度第2回国際シンポジウム講演報告資料
Nguyen Phuc Nguyen, *Vietnam's Small and Medium Sized Enterprises: Development by Inter-firm Relationship*, Intenational Symposium on Sept. 5, Senshu University. 専修大学社会知性研究開発センター／アジア産業研究センター，2015年度第2回国際シンポジウム講演報告資料

第3章

東南アジア諸国での戦略的海外進出の可能性
── GMS諸国のうち，タイ，ベトナム，カンボジア，ラオスへの中小企業進出事例からの分析

1 はじめに

　近年，海外進出を経営課題・経営戦略としている日系企業が増加している。特に，東南アジア諸国を次の活動の拠点として考える企業が多く見られる。しかし，発展段階はさまざまで，海外進出の拠点ととらえた場合，個々の性格を見誤ると期待する結果が得られないであろう。本章では，2015年時点における，タイ，ベトナム，カンボジア，ラオスの経済環境と企業の事業展開の可能性を横断的に検討する。

　東南アジア諸国連合（ASEAN）といっても経済環境が大きく異なり，今後進出を予定する企業の戦略的位置づけも異なる。本章は，ASEANの特に大メコン圏地域（GMS：The Greater Mekong Sub-region）を研究対象にし，諸国横断的に分析を行い，海外進出を検討する企業に対する示唆を与えることを目的としている。

　ASEANの構成国は，インドネシア，シンガポール，タイ*，フィリピン，マレーシア，ブルネイ，ベトナム*，ラオス*，ミャンマー*，カンボジア*である。域内人口は欧州連合（EU）を上回る計約6億2,000万人で，域内総生産が2兆5,000億ドル（約300兆円）に達する経済圏を有する巨大な域内連合である。一方GMSの構成国は，先に記載したASEAN諸国のうち*印を付した諸国であるが，ASEANで経済規模の小さい国がほとんどである。

　ASEANおよびGMS諸国間には巨大な経済格差が存在する。ADB（アジア開発銀行）の統計によると，ASEAN第1位のシンガポールの1人当たりGDPは5万6,316ドルと他を圧倒している。第2位には，石油や天然ガスなどの資源を多く埋蔵するブルネイが3万6,829ドルで次ぐ。両国は日本の1人当たりGDP

3万6,222ドル（2014年）を上回る。日本企業の海外生産拠点が多く立地するインドネシア，タイ，フィリピン，マレーシアなどの諸国も1人当たりGDPが急増している。それに伴って物価，人件費が増加し，今後も海外生産拠点としての役割を担えるかについて，疑念が生じている。一方，タイを除くGMS諸国の経済力は低い。タイを除くと，GMS諸国は経済規模についてはASEANワースト4を独占する。最下位カンボジアの1人当たりGDPは1,081ドル，第9位のミャンマーは1,221ドル，第8位のラオスは1,693ドル，第7位のベトナムは2,053ドルである（図表3-1）。

筆者は2011年から2015年までの間，GMS諸国の企業を訪問しインタビュー調査を行った。本章は，該当諸国でのマクロデータの収集・分析，現地に進出している中小企業へのインタビューをまとめたものである。

図表3-1　ASEAN加盟国の加盟年月日，主要経済指標

	加盟年月日	人口(100万人)	名目GDP(10億ドル)	1人当たりGDP(ドル)	農業部門就業人口比率（%）	都市化率(%)
インドネシア	1967.8.8	251.5	888.7	3,534	32.9	50.1
シンガポール	1967.8.8	5.5	308.1	56,316	0.1	100.0
タイ	1967.8.8	68.7	373.8	5,444	41.2	44.5
フィリピン	1967.8.8	99.4	284.9	2,866	28.9	49.1
マレーシア	1967.8.8	30.3	326.9	10,804	12.9	73.0
ブルネイ	1984.1.8	0.4	15.1	36,829	—	76.0
ベトナム	1995.7.28	90.6	186.1	2,053	45.9	32.2
ラオス	1997.7.23	6.9	11.7	1,693	67	35.3
ミャンマー	1997.7.23	51.4	62.8	1,221	—	30.8
カンボジア	1999.4.30	15.3	16.6	1,081	62.8	21.4
合計	—	620	2474.7	—	—	—

（注）データは2013年もしくは2014年の最新値。ラオスの農業部門就業人口比率は2010年。
（出所）ADB, *Key Indicators*. IMF, *World Economic Outlook*, October 2014.

2 GMS の位置づけ

　メコン川は，チベット高原に源流を発し，中国の雲南省を通り，ミャンマー・ラオス国境，タイ・ラオス国境，カンボジア，ベトナムを通り南シナ海に抜ける。典型的な国際河川の1つで，数多くの支流がある。

　近年大メコン圏地域（GMS）開発に国内外から関心が寄せられている背景として，第1に，アジア内需の取り込みとインフラ輸出の主要ターゲットとして，GMSを重視していることがある。第2に，GMSをめぐる国際関係において，中国が積極的に自由貿易協定（FTA）や援助（ODA），直接投資（FDI）等を梃子に，メコン諸国に急接近し，関係緊密化を図っていることがある。第3に，ASEAN（東南アジア諸国連合）に加盟する10カ国が域内の貿易自由化や市場統合などを通じて成長加速を目指す広域経済連携の枠組み「ASEAN経済共同体（AEC）」が2015年12月31日に発足したことがある。ただし先に述べたように，真の意味でASEAN共同体を実現するためには，先発6カ国（ブルネイ，インドネシア，マレーシア，フィリピン，シンガポール，タイ）と後発4カ国（カンボジア，ラオス，ミャンマー，ベトナム＝しばしばCLMV諸国と称される）の地域内格差を是正しなければならないという課題があり[1]，最大の取組が大メコン圏地域開発（GMS開発）ととらえられている（西口・西澤，2014）。

3 生産拠点としてのGMSの位置づけ

　現在，生産拠点としてのGMS諸国への注目が増している。企業の国際化の動機は，おおむね以下のように分類できる[2]。

（1）比較優位の源泉となる資源を求める事情がある。

　　国によって需給条件や経済制度などが違うために比較優位の源泉になる格差がつくので，このような国の競争優位を利用しようとする。労働コストの安い国で製造し製造原価を低減させようとする場合などが該当する。

（2）販売市場を求める事情がある。

　　飽和あるいは衰退の国内市場に代わる市場を見つけてさらに成長を続け

たいとする。
(3) 国際政治システムとの調和を求める事情がある。

　　国々の間の政治的な利害の対立によって企業活動が悪影響を受けないようにするという意味で，例えば貿易摩擦回避のための海外立地などが該当する。
(4) 国際経済システムとの調和を求める事情がある。

　　国際経済システムの特徴ゆえに自社の事業活動が悪影響を受けないように防衛的に動く，または有利に使おうとするという意味で，為替リスクの防衛措置としての海外での調達や生産拠点の設立などが該当する。
(5) 国際的マネジメントの効率化を行う事情がある。

　　国際化した事業活動を効率的に管理していくために，より国際化する方向での経営展開が望ましくなる場合で，例えばドイツで創業した製薬企業がグローバルに事業展開し，国際マネジメントの効率化のために米国に世界本社を置く場合などが該当する。

　国際化の進展の中で，おおむね数字の小さい方から大きい順に発展していくものと考えられるが，(1)「比較優位の源泉」と(2)「販売市場」の順序は産業ごとや地域ごとによって逆転するケースがある。また(3)「政治システムとの調和」と(4)「経済システムとの調和」の発展の順序も逆転するケースがある。さらには，(3)が起こる順序は(2)の次である。(1)と(4)の相互関連性は高いといった事情も考察されよう。

　さて，タイを除いたGMS諸国が日系企業の期待にかなう国際化のパターンは，上記の(1)「比較優位の源泉」を求めるケースである。当該諸国は現時点では国民1人当たりの所得額が高くないため市場としての魅力が低い。しかしながら，このデメリットは低廉な労働コストの存在というメリットとなるものである。

3-1　労働コストの視点

　日本の製造業が生産拠点の新設のために海外進出をする場合，これまでは中国，タイ，インドネシア，マレーシア，フィリピンを選択することが多かった。

GMSにおいては，タイに7,000社以上の日系企業が進出している。ハイレベルの部品産業と人材が育成されて，自動車産業や家電などの精密部品・ハイテク製品に国際競争力を持つ。しかし近年，賃金の高騰が顕著になってきた。バンコク周辺地域では，2009年から2012年の最低賃金は，203バーツから300バーツへと約1.5倍に上昇した（Thai Statics Bureau, 2014）。

フラグメーション（fragmentation）とは，もともと1カ所で行っていた生産工程を複数の生産ブロックに分解し，各生産ブロックをそれぞれに適した場所に分散，立地させることを指すものである（Jones, R. W. and Kierzkowski, H., 1990）。フラグメンテーションにはアウトソーシング，すなわち別の企業・工場に外注する場合も含まれる。

従来，国の単位内でフラグメンテーションが行われていたものが，グローバル経済のもとでは，国境を越えたフラグメンテーション（国際間の垂直分業）が頻繁に起こるようになってきた。

フラグメンテーション理論では，すべての生産活動が1つの場所で行われているとき，その生産ブロックの中に熟練労働者を必要としない労働集約的なものがあった場合，各工程をそれぞれ適した場所に立地させられれば，総コストを低く抑えることができる可能性があるとされる。

しかしながら，生産工程を分散立地とした場合，各生産工程の間をつなぐサービス・リンク・コストが発生する。これには，輸送費，電気・通信費，関税などさまざまなコストがかかってくる。国際分業する際に各国の貿易障壁の違いなどによる追加的なコストがかかることもある。これらのバランスによって，コストの優位性が変化するというものである。アメリカ－メキシコ国境では「企業内工程間分業」が行われている。製造工程の分割により，国境を挟んだ安価な労働力を利用することを主たる目的として垂直的分業が組まれているとされる（Jones, R. W. and Kierzkowski, H., 1990）。

したがって，人件費の高騰は生産コストの上昇に直結し，海外進出の意義そのものを消失させる問題となる。図表3-2は東南アジアおよびその周辺国の最低賃金の比較（JETRO，2013年1月調べ）であるが，この時点で日系企業の従来からの海外生産拠点である中国，タイ，インドネシア，マレーシア，フィリピンの最低賃金はGMS諸国のベトナム，カンボジア，ラオスの2倍から3倍強程度の水準になっている。

図表3-2　東南アジア周辺国の最低賃金の比較（USドル/月額）

北京（中国）	223
上海（中国）	231
広州（中国）	247
大連（中国）	175
深圳（中国）	175
バンコク（タイ）	197
クアラルンプール（マレーシア）	296
ジャカルタ（インドネシア）	226
マニラ（フィリピン）	220
ハノイ（ベトナム）	113
ホーチミン（ベトナム）	113
プノンペン（カンボジア）	80
ビエンチャン（ラオス）	78
ヤンゴン（ミャンマー）	141.3
チェンナイ（インド）	109
ダッカ（バングラデシュ）	64.6

注：法定最低賃金が日額の場合，20日で計算。ヤンゴン（ミャンマー）は法定賃金なし。
出所：JETRO「アジア・オセアニア主要都市／地域の投資関連コスト比較調査」（2013年1月）を一部改変。

　日本の最低賃金は時給693から910円（平成27年度）[3]の範囲で都道府県や業種ごとに定められているので単純な比較は難しいが，月160時間労働，1ドル＝120円で概算すると，924ドルぐらいからとなる。日本企業の従来の海外生産拠点は，日本との労働コストの差が縮小していることから，生産拠点を海外に移転することに対する経済的なメリットは減少してきている

3-2　カントリー・リスクの視点

　近年，従来の日系企業の海外進出先に存在するカントリー・リスクが，あらためて問題視されている。カントリー・リスクには，（1）政治リスク，すなわち，革命や大きな政治的変動，政治体制の変動，政策（債務支払い停止などの金融政策，保護貿易政策，税務政策，資本政策など）の変動リスク，（2）為替変動リスク，すなわち，国際金融情勢の変化によって各国の通貨が変動し，企業の世界的な売り上げや利益に数字のうえで直接に大きな影響をもたらすリスク，がある。また，これに加えて，地域ごとに遍在する（3）自然災害リスクなどがある。

近年，中国で尖閣諸島問題を契機とした反日デモの頻発（2012年）や反日感情の高まりがあった。タイはメコン川下流という洪水の多い立地であることから2011年の洪水では主要な工業団地も最大で3m程度浸水し壊滅的な打撃を受けた。このようなカントリー・リスクがあらためて認識されていることによっても，あらためてリスク分散の機運が高まっている。

3-3　チャイナ＋1とタイ＋1

海外生産拠点のリスクを分散しようとする考え方は，チャイナ＋1，タイ＋1などと呼ばれている。「プラスワン」の対象国として，いまだ人件費が安価な「タイを除くGMS諸国」，すなわちベトナム，カンボジア，ラオス，ミャンマーに関心が集まっている。また，中国の反日感情のリスク，タイの水害リスクといったカントリー・リスクを避けようとする機運の高まりからも，GMS諸国（タイを除く＝CLMV諸国）の生産拠点としての存在意義が増してきている。

4 GMS各国の現況と企業進出

GMSは世界的には地理的に狭い地域に存在しているが，その諸国間においても，（1）タイ（2）ベトナム（3）ラオス・カンボジア・ミャンマーの間に大きな経済格差が見られている。GMS各国に海外進出した日本の中小企業のインタビューから，それぞれの国の位置づけを検討する。

4-1　タイ

早い段階から日本や欧米の企業が製造拠点として活用してきたことから，自動車，自動車部品，半導体などで産業集積が進んでいる。周辺諸国と比較すると製造業立地の歴史が長く，高いスキルを持つ労働者が多い。これらは事業化の利点となる一方，課題としては他社との激しい競争，人件費の上昇，人手不足，少子高齢化，政治リスク，災害リスクなどがある（図表3-3）。

図表3-3 在タイ企業が直面している課題

順位	経営上の問題点	全体 件数	全体 %	製造業 件数	製造業 %	非製造業 件数	非製造業 %
1	他社との競争激化	284	68.6	165	67.6	119	70.0
2	総人件費の上昇	197	47.6	127	52.0	70	41.2
3	マネージャーの人材不足	197	47.6	124	50.8	73	42.9
4	従業員のジョブホッピング	111	26.8	55	22.5	56	32.9
5	原材料価格の上昇	95	22.9	79	32.4	16	9.4
	回答企業数	414		244		170	

(出所)バンコク日本人商工会議所「2014年上期景気動向調査」(調査期間2014年5月21日～6月20日)。
(注)全体としての調査企業数1,328社(回答率31.2%)、製造業の調査企業数824社(回答率29.6%)、非製造業の調査企業数504社(回答率33.7%)。

4-1-1　事例1　自動車部品メーカー

　A社は自動車や産業エンジン用パイプ製品の生産を手掛ける企業で、1940年代に東京都大田区で創業し、切削・鋳造・鍛造・表面処理などの技術を長年蓄積してきた。従業員は約200名である。日本では大田区のほか、栃木県に主力工場を有し、日本の自動車製造業などにエンジン部品を供給してきた。2010年代、タイに先行進出した日系自動車製造業のタイ工場向けのエンジン用パイプ部品の納入の引き合いが始まった。A社は、タイの取引先に向け、当初日本国内から部品を供給していたが、取引先に部品価格のコストダウンを求められたことから日本からの輸出では対応できないと判断、海外進出を決断した。海外進出にあたりタイ以外の国を考慮する余地はなかった。中小企業の場合、タイに集積立地している取引先との関係において、海外進出先にタイ以外の選択肢がない事業がある場合が多いとも考えられる。日系、欧州系、米国系の企業とも東南アジア地域の自動車製造拠点をタイに置いており、タイには自動車および自動車部品の産業が集積している。

　A社がタイで製造している製品は、以前は日本で製造されてきたものである。タイに製造拠点が移るにあたり、日本の工場で使われてきた製造機械をタイに送った。ただし、今後の設備投資については、コストダウンを図る目的で中国製の製造機械の導入を検討している。(2015年2月インタビュー)

4-2 ベトナム

　人口は2014年末で約9,000万人，2020年には1億人を超える見込みである。都市部と地方部の人口比率は3：7，1人当たりの所得は商都ホーチミン・シティーで1,642USドル，首都ハノイで1,208USドルである（1USドル＝20,000VNドン）。所得は直近2年で平均37.3％上昇している。消費や投資額はホーチミン・シティーを有する南東地域が最も高く，小売額シェアが46％，投資額シェアが34％を占める。次いで，首都ハノイの属する紅河デルタ地域で小売額シェアが20％，投資額シェアが23％を占める。近年は紅河デルタ地域の発展の度合いが高く，所得上昇率は直近2年間で43.5％と著しく高い（JETROハノイセンター，2012）。

　ベトナムは伝統的な個人商店と近代的な流通システムを有する商業施設が混在している。市場は活発で国民の消費意欲は高い。ビジネスに対する関心も高く，ビジネスのコミュニティ醸成の雰囲気があり，その中心には大学院（ビジネス・スクール）が位置している。ビジネス・スクールの男女構成比率としては，圧倒的に女性が多い。かつての計画経済時代に国営企業で勤務する従業員のほとんどが男性であったことや，男性は力仕事（主に農業）を担っていたこと，男性はエンジニアになりたいとの考えが根強いことから，資本主義経済活動の広がりとともに，ビジネス界に関心をもつ女性が多くなったものと考えられる（ベトナム国民経済大学ビジネス・スクールでのインタビュー）。

　ベトナムは，中国やASEANでいち早く経済発展が進んだ諸国に比べると安価な労働力市場があるが，GMS諸国の中では，カンボジア，ラオス，ミャンマーに比べ最低賃金は1.5倍程度と高い水準にある。一方，職業訓練のレベルはアジアの高賃金国ほどは高くないため高度な技術を要する産業に対応できる人材の確保が難しい。つまりは，労働コストと労働者の技術の双方がASEANの中で中庸的，あるいは中途半端な立ち位置にある。

4-2-1　事例2　カーテンメーカー

　カーテン製造販売を行う企業B社は1950年代に群馬県で創業し，従業員は約120名である。同社は，日本のカーテンの製造企業の中でも老舗で，売上高は一時70億円を超えるなどしていた。しかし近年は，安価な中国製品などの台頭

でピーク時の半分に満たない状況になっていた。販売額が減少する中，2012年4月になってベトナム・ホーチミン近郊に工場を建設し現地法人を立ち上げた。同社としては初めての海外進出であったが，中国ではすでに人件費が増加していたため，海外進出先の検討先に中国は含めなかった。

　日本の縫製技術スタッフが現地に駐在し，日本でも使用していた製造機械をベトナムに持ち込んだ。縫製工程の内，協力会社は主として原材料の製造や調達を担当している。ベトナムは古くから手作業で行う絹織物産業が盛んで，現在もこの流れを汲んだテキスタイル（織物・布地）を生産できる企業が多く立地する。

　B社の販売先は日系企業がほとんどである。協力工場への対応を含め，生地開発・生産管理・品質管理・物流については，日本工場のスタッフが連携して日本の品質基準を満たす商品の生産を行っている。（2013年9月インタビュー）

4-2-2　事例3　歯ブラシメーカー

　歯ブラシ，歯間ブラシを製造する企業C社は，大正期に神戸市に創業した。従業員は約100名である。創業当初より機械化を目指しており，1960年代以降，製造機械の自社開発に本格的に取り組んだ。衛生用品大手企業のブランドの商品を製造し納入するほか，自社ブランドでも販売している。

　ベトナム選択の理由は，安定した政治経済，中国とASEANを結ぶ好立地，また労働力としてのベトナム国民の「一生懸命」「相互扶助（助け合い）」の精神的価値観を共有できることがあり，豊富で勤勉な若手労働力を有することがある。ベトナムでは，南部のホーチミン近くに比較的小規模な工場を構え試験的に製造を始めたが，ホーチミンはベトナム最大の港であるカイメップ港を有しており，出荷品の物流にも優位性がある。また将来は，当港をハブ港としてアジア全域に出荷物流をすることも考えている。また，製造機械の製造，メンテナンスが必要になるが，そのために信頼できる企業がホーチミンの近くに立地していることが当地への立地の決断理由になっている。

　海外での新規工場の立地条件として，日本語が堪能で技術もわかる人材による管理体制のある点において，コストはかかるが日本企業向けの大規模工業団地は優れている。産業の特徴として電力の安定供給を受けられることが必要である。ASEAN諸国には，電力インフラ面に不安がある国や地域があるため，

安定した電力供給を約束される立地は重要な要件である。

約9,000万人の人口，比較的高い所得，旺盛な消費市場の点からベトナムをマーケットとして視野に入れており，ベトナムでの自社販売も開始している（2014年2月インタビュー）。

4-3　カンボジア

　カンボジア王国の面積は18.1万km²と日本の約半分である。インドシナ半島の南東部に位置し，全長2,615kmの国境線の東側はベトナム，西側はタイ，北側はラオスと接し，南側はタイ湾に面している。人口は1,467万人（2013年3月）であるが，そのうち168.8万人が首都プノンペンに集中する。1人当たりGDPは1,081ドル（2014年）である。温和な国民性に加え日本から継続的な経済援助がもたらされたこともあり，親日感情は極めて高いという印象を受ける。後述のラオスと同様，経済発展の段階が初期であり，中・大規模な商業施設はほとんど見られない。流通に個人商店の役割が今もなお，大きい。

　カンボジアは1991年の和平協定成立後は市場経済化に向けて発展してきているが，約20年に及ぶ内戦の影響は非常に大きく，現在もラオス，ミャンマーと並んでASEANでは最も後進的な位置づけにある。しかし，海には面していることから港湾開発が活発に行われている（後述の隣国ラオスは海に面していない）。

　消費市場としての魅力はいまだ大きくはないが，特に都市部において急速に経済発展するカンボジアの将来性を見越した動きも見られる。日系の流通大手イオン株式会社は，2015年カンボジアの首都プノンペンに1号店を出店した。テナントの多くは日系企業で，日系の衣料品，雑貨，飲食店が多く入居する。カンボジアは国全体としての1人当たり国民所得は低いが，市場経済の発展により首都プノンペンのエリアには高額所得者が多く住んでいる。そのため，プノンペン近郊の都市部では消費市場が急速に拡大し，とりわけこのエリアにおいては新興国レベルであることが認識できる（2015年3月，イオンモール［カンボジア］インタビュー）。[4] カンボジアの物価からみて非常に高額品を取り扱うイオンモール（カンボジア）は，すでに採算ベースに乗っていると見うけられた。

4-3-1　事例4　自動車部品下請け

　D社は自動車等の部品，特にワイヤーハーネスの製造および設計を行う企業で，昭和40年代に神戸市で創業した。従業員は約40名である。自社製品の納入先は自動車部品の最終製品を製造する企業である。D社は自社では中心部分の設計をせず，委託製造を受託している。ワイヤーの切断，束ねなどの労働集約的なプロセスを中心的に請け負っており，製品単価も低いため安価な労働力の確保が必要である。日本国内での製造工程では，できるだけ内職に頼っていたが近年は内職形態の労働力確保が難しく，労働コストの上昇を招いていた。

　これまでは国内企業とだけ取引を行い事業規模も小さいため，海外に事業を拡大することは考えていなかった。

　日本国内の最低賃金は毎年上昇するが，販売単価に反映できないため，経営の継続が近い将来に困難になるとD社は考えた。そのため労働コストの安い東アジアでの海外工場の設立を2012年頃より検討し始めた。候補としてフィリピン，ベトナム，カンボジア，ミャンマーの各国でフィージビリティー・スタディーを実施し，2013年にカンボジア・プノンペン経済特区への海外進出を決めた。労働集約的な工程を日本国内の工場からカンボジア・プノンペンに移転することにした。カンボジアを選択した理由として，ASEANの中でも労働コストが最も安い水準であることが大きかった。

　カンボジア工場は設立からまだ時間が経っていないが，約20名の従業員を雇用し，ワイヤーハーネス製造の中でも特に手作業に頼らざるを得ない工程を担当している。カンボジア工場で製造した半製品はすべて日本に向けて出荷されている。(2015年3月インタビュー)

4-4　ラオス

　ラオスは国土面積が236,800km²と広大ながら，人口は約700万人にとどまり，1km²当たりの人口密度はわずか28人である。ラオスは，ASEAN中で後発国であるが，1986年の「新思考」政策により市場経済化は急速に進行している。1990年の1人当たりGDPはわずか206ドルだったが，2008年に882ドル，2011年に1,320ドル，2014年には約1,700ドルへと急上昇している。

　ラオスは，内陸国であるため海の港湾を持たない。メコン川は雨期には流量

が増し，流れが速く，乾期には浅瀬が増えるため船舶の運航が難しい。このことからラオスは，近隣国を陸路で経由せず船便の物流を行うことが非常に困難な立地である。主要産業は衣類，水力発電，木質系産業で，GDPの約60%を農業が占め，農業部門の就労者比率は約70%にのぼる。主な輸出品はコーヒー，電気，衣服，木材・林業製品，石膏，褐炭，鋼などである。一方，製造のために高水準の技術を必要とする製品のほとんどは輸入に頼っている。主な輸入品は，産業用機械，電気機械，電気部品，化学品などである。

非常に長い陸の国境を共有するタイとは，経済発展の違いは歴然としている。ラオスでは首都ビエンチャンにおいてさえ近代的流通システムをもつ商業施設はほとんど育っていない。2011年1月，ラオス初の証券取引所（ラオス証券取引所）がビエンチャンに開設されたが，上場企業数はわずか4社（2014年現在）である。取引量もごくわずかで，証券取引所は閑散としている。

国民性は穏やかであることは現地で十分に感じることができる。しかし，日本の高度経済成長の時代ほどは企業組織に対する忠誠心は高くない。農村が都市に隣接しているため，農作業や大家族の事情が雇用主の労働よりもしばしば優先されることがその理由である。ラオスに海外進出をした場合，都市型の生活を経験したことのないワーカーが大半を占めると想定した方がよいと思われる。企業や仕事より家族優先，家族のつながりを大切にするということは人として本来あるべき姿ではあるが，仕事を優先することに慣れ親しんだ企業人を苛立たせる場面が少なくないことも想像できる。

必要な人材教育といってもまさに初歩的なところから行わなくてはならないといった状況にあるが，労働コストの低さが魅力で，近年日本企業の進出が進んでいる。

4-4-1　事例5　農業ベンチャー

E氏は，日本ではF社の中心的存在としてIT企業の設立に携わり，後に世界の不動産へ出資，企業再生などのビジネスを多彩に手掛けていた。F社に籍を置きながらもラオスに関連する事業を開発する目的で，2012年にラオス現地法人G社を設立して以降，ラオスに居住している。ラオスの主力産業は農業と電力開発であり，海岸線を持たない国土の特徴からラオス国内単独で，大量の輸出入が発生する部品産業や機械の組み立てを行うには，周辺諸国に比べて困難

な条件が伴う。ラオスの発展性を確信して設立されたG社だったが，当初は具体的な事業を決めて海外進出していなかった。E氏はラオス国内の視察旅行を通じ，ラオスの強みである農業領域の付加価値を高める事業を展開しようと考え，日本などの海外に出荷する目的で，それまで生産実績がほとんどなかった小豆生産のプロジェクトを開始した。作付け試験を行ったのち4,900haの農地を契約し，そのうち400haで契約栽培を始めた。手作業での作付けが主流だったラオスの既存の農法に対し新しくトラクターを導入し，小豆の生産性を高めた。

　ラオスは近年まで牧歌的で，世界の経済発展から取り残された状態であったために国土に未開発な土地が多い。世界的には農地が不足する中，ラオスにはそれがふんだんにあり，化学肥料を使う必要のない肥沃な大地の存在はラオスの強みになりうる。G社は牧畜も手掛け始めた。ラオスには牛は多くいるが農耕用を主な目的として飼われているものである。そのため，ラオスで食べられている牛肉はどれも硬く，牛肉としておいしいとは言えない。そこで日本の技術を導入して，牛肉の付加価値を上げる取り組みである。ラオスでも経済発展に伴い都市部では富裕層の購買力が格段にあがっている。まずは神戸牛を輸入してラオスでの販路を作り，ラオス産の高品質の牛肉に転換する計画を立てている。（2013年9月インタビュー，『企業特報I・B 2013年ASEAN特集号』にて資料を補完）。

4-4-2　可能性

　前述のようにラオスは内陸国であり自国に港湾を持たない。加工貿易を行う場合は，in, outとも海運に頼る場合が多いことから，ラオスの立地は周辺国と比べて不利である。本章「3-1 労働コストの視点」で，国境を越えたフラグメンテーションについて触れたが，経済格差のあるGMS諸国間でもフラグメンテーションの流れが見られている。

　精密機器大手のニコンは，ラオスが開発したサワン・セノ経済特別区に工場を設置した。サワン・セノ経済特別区はラオス－タイ国境近くのラオスの都市サバナケットに位置する。ニコン（ラオス）は，日本のニコン本社の出資ではなく，ニコンの子会社であるニコン（タイ）の直接出資により，2013年3月に設立，同年10月から操業を始めた。サバナケット工場では，タイのアユタヤ

工場で生産するデジタル一眼レフカメラ向けのトップカバー，背面カバーといったユニットを生産するが，組み立てたユニットをタイに戻しタイで最終製品にするといった国際間の垂直分業である国境を越えたフラグメンテーションがASEAN地域内で起こっている典型的な例である。

　ニコンは，2011年にアユタヤ工場が洪水で甚大な被害を受けたことから，カントリー・リスク（洪水リスク）の分散として，ニコン（ラオス）のサバナケット工場を位置づけている。サバナケットとニコン（タイ）工場のあるアユタヤ間は直線距離で700km弱あるが，道路は整備されており，午後4時に部品を積んだ車がアユタヤ工場を出ると翌日午前中にサバナケットに着き，午後4時にサバナケットから組み立てた製品をアユタヤに運ぶことが可能になっている。契約トラックが毎日，ラオス－タイ間を結んでいる（国際協力銀行資料，2016）。

　日系企業は，まずはタイに拠点を作り，その後，ラオスに展開するという形式で進出してきている。タイ語・ラオス語は共通性が高く，タイ語によるラオス人への技術指導が可能という事情もある。タイの日系企業は，タイで育成したタイ人トレーナーをラオスに派遣して，技術力を比較的必要としない単純部品の加工を賃金の安いラオスに移転し，半製品をタイに戻し最終組み立てを行うという事業形態が多い。タイのマザー工場はこれらの部品を，タイに立地する電機メーカーや自動車メーカーに輸出している。

5 まとめ

　GMS諸国の経済格差と企業の海外進出という観点からの分析を行うべく，タイ，ベトナム，カンボジア，ラオスに進出する企業にインタビューを行い，それぞれの国への進出への期待とリスクを分析した。

　タイはASEANでは先発の工業国であり，労働者が習得している技術のレベルや職業観が高く，先端的な製品を製造する大企業や中堅企業が進出している。先行進出企業の勧めや，事業を展開するうえで産業クラスターの利便性を求めて，二次的，三次的に中小企業が進出するケースも見られる。一方で，継続的な賃金上昇による労働コストの上昇で，コスト優位性を求める理由での進出の魅力は大きく失われ始めている。もっとも，国民の購買力は表裏の関係にあり，

マーケットとしての魅力は高くなっている。

　ベトナムは，タイを除くGMS諸国の中では，労働コストはやや高いポジションに位置するため，比較優位の源泉を求めての海外進出の立地としては中途半端ではある。しかし，カンボジアやラオスと比べると高いスキルを持つ労働市場が作られている。また，カンボジアやラオスと比べると国民所得が高く，生産機能の海外進出をきっかけとする海外販売先開拓の地としての魅力がある。

　カンボジア，ラオスは，労働コストがASEANの中でも最低水準であるため，コスト面では海外進出を目指す企業に魅力がある。ラオスについては内陸国のため物理的にかさばる品目を当地で製造することは難しい。しかしタイとの国際間の垂直分業を視野に入れた場合，魅力がある部分もある。ただ，この状況が未来永劫続くとは限らない。現在は，ラオス主導で国際間の垂直分業を主導し，タイにおいても失業率が1％を下回る状況の中で問題視はされていないが，経済状況の変化により，保護貿易政策などの政治リスクが顕在化する可能性がある。

　GMS諸国内の国際間垂直分業については，ベトナムはカンボジア，ラオスの隣接国として立地しているため，一見その可能性があるように思える。しかし，ベトナムと両国の国境は山岳地帯がほとんどであるうえ，ベトナム国内の道路事情もいまだ優れているとは言えず，現時点（2015年）ではベトナムとカンボジアまたはラオスの国際間の垂直分業は，現実的ではないと見受けられた。

6 おわりに

　本研究を進めるにあたり引用したインタビューの記録は，2009年から2015年の間，7回にわたりASEAN諸国を訪問した際のものである。ご協力をいただいた方々のおかげをもち，分析が進められていることに深く感謝する。また，研究には，JETROハノイセンター内部資料（2012），IMF Economic Outlook Database（2012），IMF Direction of Trade Statistics（2012），Thai Statics Bureau内部資料（2014）から入手した基礎経済指標を利用しており，合わせて深く感謝する。

　今後の研究課題として，残る対象国たるミャンマーの可能性の研究を行うと

ともに分析の精緻化を行い，さらなる理論化を進める。

　本研究報告は，文部科学省私立大学戦略的研究基盤形成支援事業「メコン諸国における経済統合の中小企業への影響についての研究―「ASEANサプライチェーン」の観点から」(事業番号S1491005，研究組織名：専修大学社会知性開発研究センター) の成果の一部である。

[注記]

1) 後発4カ国であるCLMV諸国 (カンボジア，ラオス，ミャンマー，ベトナム) は，GMSから新興工業国であるタイを除いた国々である。また，先発6カ国 (ブルネイ，インドネシア，マレーシア，フィリピン，シンガポール，タイ) との格差はASEAN Driveと呼ばれる。
2) 分類の着想については，伊丹敬之・加護野忠男 (2003)『ゼミナール経営学入門 (第3版)』日本経済新聞社，第6章を参照し，その分類区分を修正した。
3) 厚生労働省『地域別最低賃金の全国一覧』(2016年3月1日閲覧)，厚生労働省『特定最低賃金の全国一覧』(2016年3月1日閲覧) を参照。
4) カンボジアの小売市場は2012年の49億ドルから2020年の107億ドルに成長する見込みであるとともに，カンボジア全国の月間世帯収入が800ドル以上の世帯が3％，400ドル〜799ドルの世帯は9％にとどまるところ，首都プノンペン中心部から1km商圏においては月間世帯収入800ドル以上が75％，同5km商圏においても400ドル以上の世帯が78％とカンボジア中心部の成長が著しい (2012年，イオンモール調べ)。

[参考文献]

西口清勝・西澤信義編著 (2014)『メコン地域開発とASEAN共同体－域内格差の是正を目指して』晃洋書房。

Jones, R. W., and Kierzkowski, H. (1990) "The Role of Services in Production and International Trade: A Theoretical Framework," in Ronald W. Jones and Anne O. Kruger, eds., *The Political Economy of International Trade: Essays in Honor of Robert E. Baldwin*, Oxford: Basil Blackwell, pp.31-48.

『企業特報I・B 2013年ASEAN特集号』データマックス (2013)，pp.54-56。

国際協力銀行資料

　　　http://www.jbic.go.jp/wp-content/uploads/page/2015/09/40674/inv_Lao231.pdf (2016年3月1日閲覧)

第4章 ベトナムの物流インフラ

1 物流インフラの定義

1-1 物流の定義

　物流は，物的流通と物資流動の略称である。このうち，物的流通は，「流通における商品そのものの空間的・時間的移動と高付加価値化」[1]に着目している。そのため，物的流通では，商品の空間的な移動にかかわる機能（輸送機能），商品の時間的な移動にかかわる機能（保管機能），顧客の要求に合わせて商品の付加価値向上のために加工を行う機能（流通加工機能），商品を段ボール箱や包装紙で包む機能（包装機能），商品の積み込み，荷おろしと物流施設内の作業にかかわる機能（荷役機能），商品の数量・品質・位置に関する情報を活用する機能（情報機能）の6機能を対象としている（図表4-1）。

　一方，物資流動は，交通において，「商品の移動現象そのもの」[2]に着目している。そのため，物資流動では，商品の貨物自動車への積み込みと荷おろしにかかわる機能（荷役機能）と，発地と着地の間の商品の移動にかかわる機能（輸送機能），および，荷役と輸送中の商品の数量・品質・位置に関する情報を活用する機能（情報機能）の3つの機能を対象としている（図表4-2）。

　本章では，ベトナムにおける物流に関するインフラの実態と課題を明らかにすることを目的に述べる。そのため，本章の物流は，貨物自動車の移動だけでなく，物流施設内の保管や施設内の作業も対象としている，物的流通とする。

図表4-1　物流機能の定義[3]

6機能	定　義
輸送機能	商品の供給者と需要者の間にある空間的な隔たりを克服するために商品を移動させること。
保管機能	商品を時間的に移動させること。
流通加工機能	製品加工や組み立てにより商品の付加価値を向上させること。
包装機能	商品の価値や状態を維持するために適切な材料や容器で商品を収納すること。
荷役機能	輸送機関への積み込みと荷おろし，および物流施設で，商品を移動させること。
情報機能	5つの物流機能を効率的に行うために，数量，品質，位置に関する情報を活用すること。

図表4-2　物的流通と物資流動の違い

違いを示す項目	物的流通	物資流動
着目する点	商品の空間的移動， 商品の時間的移動， 商品の高付加価値化	商品の空間的移動
対象物流機能	輸送，保管，流通加工， 包装，荷役，情報機能	輸送，荷役　情報機能

1-2　インフラの定義

　インフラとは，インフラストラクチャー（infrastructure）の略称であり，「下部組織や基盤設備」[4]という意味である。

　インフラは，広辞苑では，「産業や社会生活の基盤となる施設。道路・鉄道・港湾・ダムなどの産業基盤の社会資本，および学校・病院・公園・社会福祉施設などの生活関連の社会資本など。」[5]と定義されている。このため，これらの社会資本は，個人や個別企業が利益を目的に整備するのではなく，主として公共部門が整備することが多い。

　本章では，物流に関するインフラの実態と課題を明らかにするため，主に公共部門が整備する，物流活動の基盤となる施設だけでなく，物流活動に関わる制度について述べる。そのため，本章では，インフラを，「産業の基盤となる施設とそれらに関わる制度」と定義する。

1-3 物流インフラの定義と種類と内容

1-3-1 物流インフラの定義

本章では，物流インフラを，本章の目的と，1-1で定義した物流と，1-2で定義したインフラを組み合わせて，「物的流通活動の基盤となる施設とそれらに関わる制度」と定義する。この物流インフラには，施設インフラと制度インフラの2つがある。

1-3-2 施設インフラの種類と内容

物流に関わる施設には，交通結節点施設（ノード）と，交通路（リンク）の2つがある。

このうち，物流における交通結節点施設とは，輸送機関の間で貨物の積み替えを行うための施設や，貨物を発送する施設，および貨物が最終的に届けられる施設のことである。交通結節点施設には，産業施設，交通施設，最終届け先がある。このうち，産業施設には，工場や倉庫などがある。交通施設には，輸送機関に応じて，自動車ターミナル，港湾，鉄道貨物ターミナル，空港がある。最終届け先には，店舗，オフィス，住宅などがある（図表4-3）。

物流における交通路（リンク）とは，貨物を空間的に移動させるために利用する道のことである。交通路には，輸送機関に応じて，道路，航路，線路，航空路がある（図表4-3）。

1-3-3 日本における制度インフラの種類と内容[7]

制度には，政策と法制度がある。政策とは，「行政機関が行う政策上の方針や方針」である。政策には，経済政策，産業政策，通商政策，環境政策などがあ

図表4-3　施設インフラの分類と内容[6]

施設インフラ		施設インフラの内容
交通結節点施設	産業施設	工場，倉庫など
	交通施設	自動車ターミナル，港湾，鉄道貨物ターミナル，空港
	最終届け先	店舗，オフィス，住宅など
交通路		道路，航路，線路，航空路

る。法制度とは,「法律と制度」のことである。物流における法制度には,物流事業に関わる法制度,貨物輸送に関わる法制度,物流における労働安全に関わる法制度,物流施設整備に関わる法制度,貨物通関や関税に関する法制度がある。

法制度のうち,物流事業に関わる法制度には,輸送機関に応じて,貨物自動車運送事業法,鉄道事業法,海上運送法,航空法,貨物利用運送事業法などがある。貨物輸送に関わる法制度には,道路運送車両法,道路交通法,消防法などがある。労働者に関わる法制度には,労働基準法,労働者派遣法,労働安全衛生法,改善基準告示などがある。物流施設の整備に関わる法制度には,流通市街地の整備に関する法律,流通業務の総合化および効率化の促進に関する法律,大規模小売店舗立地法,駐車場法や,都市計画法,建築基準法,消防法などがある。貨物の通関や関税に関する法制度には,C-TAPAや,AEO制度などがある(図表4-4)。

図表4-4 制度インフラの分類と内容[8]

分類	項目	内容
政策	経済政策	金融政策,財政政策など
	産業政策	特性産業育成,保護政策など
	通商政策	輸入代替政策,輸出促進施策など
	環境政策	環境負荷削減対策など
法制度	物流事業に関わる法制度	貨物自動車運送事業法,鉄道事業法,海上運送法,航空法,貨物利用運送事業法など
	貨物輸送に関わる法制度	道路運送車両法,道交法,消防法など
	労働者に関わる法制度	労働基準法,労働者派遣法,労働安全衛生法,改善基準告示など
	物流施設の整備に関わる法制度	流市法,物効法,大店舗立地法,駐車場法,建築基準法,倉庫業法,消防法など
	貨物の通関や関税に関わる法制度	C-TAPA,AEO制度など

注:注記8)の文献を参考に作成した。

2 ベトナムの物流インフラの実態

2-1 施設インフラ(ノード・リンク)の実態

2-1-1 交通結節点施設の実態

(1)産業施設

①産業施設の実態

　ここでは，ベトナムのホーチミン市，ダナン市，およびハノイ市でのヒアリング調査結果と統計資料のデータをもとに，ベトナムの産業施設，交通施設の実態を述べる。

　産業施設では，市別に工業団地の立地実態について，各種統計資料等とヒアリング調査結果をもとに示す。

　工業団地の立地数は，ホーチミン市が最も多く，18箇所であり，次に多いのは，ハノイ市の8箇所であった。工業団地の総開発面積も，ホーチミン市が最も広く，約3,840haであり，次に広いのは，ハノイ市の約3,261haであった。しかし，1工業団地当たりの総開発面積は，ハノイ市が最も大きく，約408 (ha/箇所)であり，次に大きいのは，ダナン市の約300 (ha/箇所)であった(図表4-5)。

　これらのことから，ホーチミン市は，開発規模の大きくない工業団地が多いこと，ハノイ市とダナン市は，開発規模が比較的大きい工業団地が多いことが明らかとなった。

②産業施設の課題

　ハノイ市のヒアリング調査から，現在の工業団地の1棟当たりの面積の多くが，1棟当たり5,000㎡であった。しかし，中小企業が必要としている面積は，1

図表4-5　ベトナムの市別の工業団地数[9)10)11)12)]

	工業団地数 (箇所)	総開発面積 (ha)	1工業団地当たり総開発面積 (ha/箇所)
ホーチミン市	18	3,840.33	213.35
ダナン市	7	2,100.70	300.10
ハノイ市	8	3,261.24	407.66

棟2,000㎡～4,000㎡であった。そのため，工業団地の面積が広すぎるという点で課題がある。ただし，この課題については，工業団地の1区画を適度な広さとし，レンタル工場として貸している工業団地もある。

(2) 交通施設
①港湾と空港の実態

交通施設では，輸送機関のうち，船舶，航空機に着目して，それぞれ，港湾，空港の実態について，統計資料をもとに示す。

港湾では，ハイフォン港，サイゴン港，サイゴン新港，ダナン港，VICT港の6港について，各港湾のHPから，港湾設備（受け入れ可能船舶の最大値，バース数，岸壁ガントリークレーン台数）と貨物取扱量（輸入貨物量，輸出貨物量，移出・入貨物量）の実態について述べる（図表4-6）。

受け入れ可能船舶の最大値は，サイゴン港が最も大きく，60,000DWTの船舶が入港できる。一方，最も小さいのは，VICT港の20,000DWTであった。バース数は，ハイフォン港が最も多く21バースであった。一方，最も少ないのは，サイゴン港とVICT港の4バースであった。岸壁ガントリークレーン数は，サイゴン新港が最も多く，11機が設置されている。一方，最も少ないのは，ダナン港とサイゴン港の2台であった。輸入貨物量は，サイゴン新港が最も多く，22,963千トンであり，最も少ないのは，ダナン港の1,577千トンであった。輸出貨物量は，サイゴン新港が最も多く，22,963千トンであり，最も少ないのは，サイゴン港の570千トンであった。国内の貨物の流動量である，移出・移入量は，サイゴン港が最も多く，5,960千トンであった。一方，最も少ないのは，サイゴ

図表4-6 主要港湾の特徴[13]

	受け入れ可能船舶最大値（DWT）	バース数	岸壁ガントリークレーン台数（台）	輸入貨物量（千t）	輸出貨物量（千t）	移出・移入量（千t）
ハイフォン	40,000	21	8	9,282	5,554	4,899
サイゴン	60,000	4	2	4,625	570	5,960
サイゴン新港	30,790	7	11	22,963	22,963	0
ダナン	45,000	11	2	1,577	2,285	2,160
VICT	20,000	4	7	1,626	2,571	2,808

注：各データは，2014年の値を示している。

ン新港を除くと，ダナン港の2,160千トンであった。
　これらのことから，貨物取扱量では，サイゴン新港が，国際間の貨物の輸出入に特化している港であること。ハイフォン港とサイゴン港は，輸出貨物より，輸入貨物量が多い港であること。ダナン港とVICT港は，輸入貨物より，輸出貨物量が多い港であることが明らかとなった。
　また，ダナン港でのヒアリング調査の結果によると，ダナン港には，水深の違いから，大型船用のTien Sa Terminalと小型船用のSong Han Terminalがある。このうち，Tien Sa Terminalの概要は，図表4-7に示すとおりである。なお，2008年から2012年までの輸送実績は，輸出入，国内輸送に関わらず，コンテナ輸送においても増加傾向が見られる（図表4-8）。
　空港では，統計資料から，ノンバイ国際空港，タンソンニャット国際空港，ダナン空港を対象に，滑走路数，開港時間，貨物ターミナル面積，年間貨物取扱量について述べる（図表4-9）。
　その結果，滑走路数は，空港によって変わらず2本であった。しかし，滑走路

図表4-7　ダナン港Tien Sa Terminalの概要

	稼働時間	水深	倉庫面積	ヤード面積
Tien Sa Terminal	24時間	11〜12m	14,285㎡	178,603㎡

図表4-8　ダナン港Tien Sa Terminalの輸送実態

	2008年	2009年	2010年	2011年	2012年
輸入量（千t）	526	605	646	785	909
輸出量（千t）	1,231	1,352	1,389	1,598	1,990
国内輸送量（千t）	986	1,176	1,269	1,486	1,524
コンテナ輸送量（TEU）	61,881	69,720	89,199	114,373	144,555

図表4-9　主要国際空港の特徴[14)15)]

	滑走路数	開港時間	貨物ターミナル面積（㎡）	年間貨物取扱量（千トン）
ノンバイ	3,800m:2本	24時間	44,000	405
タンソンニャット	3,800m:1本 3,048m:1本	24時間	18,000	412
ダナン	3,048m:2本	24時間	—	16

注：−は，データが無いことを示している。

写真4-1　ダナン港の概要（著者撮影）

の長さは，ノンバイ国際空港の2本とタンソンニャット国際空港の1本が3,800mで，それ以外は，3,048mであった。空港の開港時間は，3港とも変わらず，24時間であった。貨物ターミナルの面積は，データの取得できなかったダナン国際空港を除き，ノンバイ国際空港が大きく44,000㎡で，一方タンソンニャット国際空港は，18,000㎡であった。年間貨物の取扱数量は，ノンバイ国際空港とタンソンニャット国際空港には，大きな差が無く，ノンバイ国際空港は405千トン，タンソンニャット国際空港は412千トンであった。なお，ダナン国際空港は，16千トンであり，ほかの2つの空港と比較して約4%の値を示しており，現時点での利用割合が低いと言える。

これらのことから，貨物取扱量では，南北の空港で大きな差が見られなかった。しかし，貨物ターミナルの面積でみると，北部のノンバイ国際空港の方が大きいことが明らかとなった。

②港湾と空港の課題

ダナン港でのヒアリングの結果，港の稼働時間が24時間であること，サイゴン港には劣っているが，そのほかの港よりも大きい45,000DWTの船舶まで受け入れ可能であること，国際コンテナが週15〜20便来ていることが特徴としてあげられていた。一方，貨物蔵置所が約24haしか準備されておらず，狭いこと，ダナン港の取り扱い貨物のうち，東西経済回廊を通行する貨物の割合が約2%程度と少ないことが課題としてあげられていた。

ダナン港で陸揚げされた貨物が東西経済回廊を通行しない理由に，東西経済回廊が，経済開発が進んでいない地域を通過していることがあげられる。この

課題に対して，ラオスでは，東西経済回廊沿いのサバナケットに3つの工業団地を計画している。

2-1-2 交通路
（1）道路
①道路の実態

交通路では，統計資料のデータをもとに，貨物輸送に利用されている，道路，線路の実態を述べる。

道路では，統計資料から，道路総延長と舗装率と高速道路の総延長の2004年から2012年の変遷を示すとともに，ダナン市からラオスのサバンナケット市までの東西経済回廊の走行調査の結果から課題を述べる。

その結果，ベトナムの道路総延長は，2004年は，238,000kmであり，2012年は，326,000kmであった。このことから6年間で道路総延長が約88,000km増加していることが明らかとなった。道路の舗装率は，2004年は，58.00%であり，2012年は，66.30%であった。このことから6年間で舗装率が約8.30%増加していることが明らかとなった。高速道路の総延長は，2008年までは，0kmであり，2010年に50km整備され，2012年は，120kmまで増加している。年間の貨物輸送量は，2004年は，265tであり，その後増加傾向が見られ，2012年では，735tであった。このことから6年間で470t増加していることが明らかとなった。

次に，2004年を基準とした，道路の総延長と舗装率の伸び率を見ると，道路延長の伸び率よりも，舗装率の伸び率が低いことから，道路整備は進んでいる。しかし，舗装されている道路の整備は，その割合に比べて大きくないことが明らかとなった（図表4-11）。

図表4-10　ベトナムの道路に関する統計データ[16]

	2004年	2006年	2008年	2010年	2012年
道路総延長（km）	238,000	269,900	287,700	295,100	326,000
舗装率（%）	58.00	60.35	53.40	64.40	66.30
高速道路総延長（km）	0	0	0	50	120
貨物輸送量（t）	265	339	456	587	735

図表4-11　2004年を1.00とした時の道路総延長と舗装率の伸び率

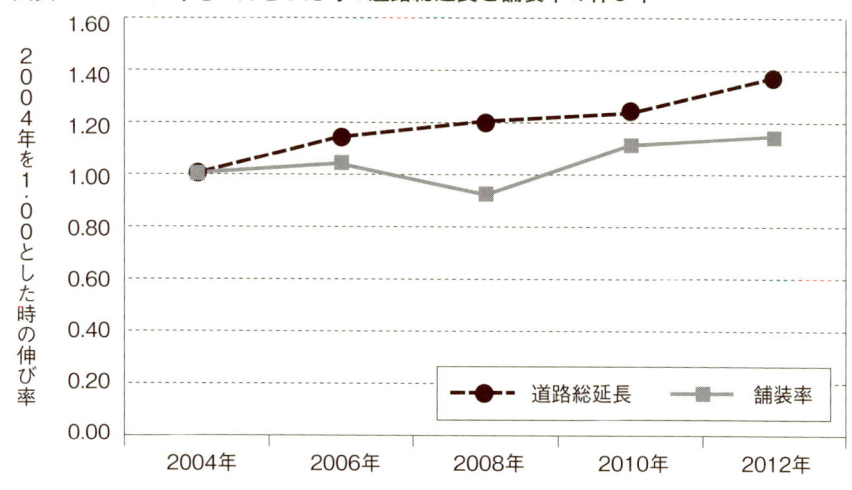

写真4-2　ダナン港付近の道路の状況（著者撮影）

②道路の課題

　ダナン市からラオスのサバナケット市までの東西経済回廊の走行調査の結果では，ダナン市内では，舗装されている道路が多い。しかし，山間部に向かうにつれて，舗装されていない道路を通行することが多くなった。また，それ以降のラオスに入ると，舗装されていない道路が多く，また，道路の一部に陥没しているところがあり，それを車両がよけながら走行していた。これらのこと

写真4-3　ダナンとラオス国境間の道路の実態（著者撮影）

写真4-4　ベトナム国境からサバナケット間の道路の実態（著者撮影）

から，輸送時間が想定より多くかかることが考えられる。

(2) 線路
①線路の実態
　線路では，統計資料から，線路総延長と線路を利用する輸送機関である機関車の台数と，貨物を積んだコンテナを載せる貨車の台数の2005年から2012年の変遷を示す（図表4-12）。
　その結果，ベトナムの線路総延長は，2005年は，2,764kmであり，それ以降

図表4-12　ベトナムの鉄道に関する統計データ[17]

	2005年	2006年	2007年	2008年	2009年	2010年	2011年	2012年
線路総延長（km）	2,764	2,584	2,577	2,577	2,577	2,577	2,547	2,544
機関車数（台）	302	299	319	319	297	294	281	303
貨車数（台）	4,496	5,011	4,913	4,901	4,887	4,853	3,855	5,332
貨物輸送量（t）	8,787	9,153	9,050	8,481	8,248	7,862	7,234	7,076

減少傾向が続き，2012年では，2,544kmとなっている。このことからこの7年間で線路の総延長が220km減少していることが明らかとなった。機関車台数は，2005年は，302台であり，それ以降は，減少や増加を繰り返し，2012年では303台となっている。このことから7年間で，1台だけ増加していることが明かとなった。貨車数は，2005年は，4,496台で，2006年に増加し，それ以降2011年まで減少したが，2012年に増加に転じ，5,332台となっている。このことからこの7年間で，836台増加していることが明かとなった。年間の貨物輸送量は，2005年は，8,787tであり，2006年は，9,153tとわずかであるが増加した。しかし，それ以降は，一貫して減少傾向が見られ，2012年では，7,076tとなった。このことから7年間でこの間で1,711t減少していることが明らかとなった。

写真4-5　ダナン港周辺での貨車の利用状況（著者撮影）

写真4-6　ベトナムとラオス国境の線路（著者撮影）

写真4-7　ベトナムとラオス国境の駅（ラオス側）（著者撮影）

②線路の課題

　線路（鉄道貨物輸送）の課題としては，ベトナム国内の線路の多くが単線であること，電化されていないことがあげられる[18]。これらのことが要因となって，輸送時間が長くなると考えられ，その結果として，貨物輸送が多く利用されていないと想定される。

2-2　制度インフラの実態と課題

2-2-1 貨物輸送に関わる法制度

(1) 貨物輸送に関わる法制度の実態

　ここでは，先に示した制度インフラの分類のうち，貨物輸送のみに限定して，①ベトナムの貨物輸送に関わる法制度，②貨物の通関や関税に関わる法制度について，既存文献とヒアリング調査をもとに実態と課題を述べる。なお，貨物輸送に関わる法制度では，既存の文献から，ハノイ市とホーチミン市の交通規制，車両の規制の2つについて述べる。

　ハノイ市とホーチミン市では，市内への貨物車両の進入を時間帯を区切って禁止している。具体的には，ハノイ市では，総重量1.25トン以下の車両は，交通量の多い，朝の時間帯（6:30～8:30）と夕方の時間帯（16:30～20:00）の走行を禁止している。一方，総重量1.25トン～2.5トンの車両は，日中の時間帯（6:00～20:00），総重量2.5トン以上の車両は，日中の時間帯（6:00～21:00）の走行を禁止している（図表4-13）。

　車両の通行規制は，2009年10月に右ハンドルの車両の通行が，一部認められるようになった。しかし，認められた車両は乗用車に限っており，右ハンドルの貨物車両は通行が認められていない。[21]

図表4-13　ハノイ市とホーチミン市の交通規制[19)20)]

市	規制対象車両	走行禁止時間
ハノイ市	総重量1.25トン以下	6:30～8:30 16:30～20:00
	総重量1.25トン～2.5トン	6:00～20:00
	総重量2.5トン以上	6:00～21:00
ホーチミン市	積載量2.5トン以上 または総重量5トン以上	6:00～21:00
	積載量2.5トン未満 または総重量5トン未満	6:00～8:00 16:00～19:00

（2）貨物輸送に関わる法制度の課題

　貨物輸送に関わる法制度の課題には，大型の貨物車が日中の時間帯に進入できないこと，右ハンドルの貨物車が走行できないことがあげられる。

　進入規制は，夜間の時間帯を利用して大型の貨物車で輸送を行うことや，都市部に進入することなく，輸送する方法が取り入れられている。走行規制は，ベトナム国内，ベトナムとラオス間の輸送については，問題は生じない。しかし，左側通行の国であるタイでは，多くの貨物車が右ハンドルであることから，タイからベトナムへ陸路で貨物車を利用して輸送する場合は，途中で左ハンドルの車両へ交換する必要がある。

2-1-2 貨物の通関や関税に関わる法制度

（1）貨物の通関や税関に関わる法制度の実態

　ここでは，ベトナムにおける輸出入関税について，既存文献をもとに実態を述べる[21]。

　輸出関税は，FOB価格で課税標準を算出する。一方で，輸入関税は，CIF価格を基準に計算する。なお，輸入関税には，標準関税率，優遇関税率，特別優遇関税率，そのほかの4つの異なる税率がある（図表4-14）。

図表4-14　輸入関税の税率の分類と内容[22]

税率の種類	内容
標準関税率	最恵国税率より50%高く設定
優遇税率	最恵国待遇の通商国からの輸入物品に適用
特別優遇税率	協定締結国からの輸入物品に適用
そのほか	輸入物品の個別品目ごとに設定

注記22）のHPをもとに著者が作成。

（2）貨物の通関や税関に関わる法制度の課題

　関税に関する課題については，ダナン港でのヒアリング調査の結果によると，近年では，手続きの簡素化（シングルウィンドウ化），書式の統一化が進んでいる。これにより，以前より手続き時間は短くはなっている。しかし，企業が求めているほどの短縮化に至っていないとの課題があげられていた。

　この点については，通関業務の電子化をさらに進めていく必要がある。

[注記]

1) 苦瀬博仁『ロジスティクス概論　基礎から学ぶシステムと経営』白桃書房，2014年，p.36。
2) 同上，p.49。
3) 同上，pp.52-54。
4) 木村編『新グローバル英和辞典』p.902，1994年，三省堂。
5) 新村出編著『広辞苑第六版』岩波書店，2008年，p.224。
6) 前掲書1），p.156。
7) 同上，p.162-171。
8) 同上，p.162。
9) 独立行政法人 日本貿易振興機構 ホーチミン事務所『ベトナム・ホーチミン市近郊工業団地データ集』2015年。
10) JETROハノイ事務所『ベトナム北部・中部工業団地データ集』2015年。
11) 東京ディベロップメントコンサルタントHP，http://www.tdc-vietnam.com/
12) SAIGON VRG INVESTMENT HOLDING CORPORATION HP，http://saigonvrg.com/
13) VIETNAM SEAPORT ASSOCIATION HP，http://www.vpa.org.vn/english/information/info_static2014.html
14) AIRPORT CORPORATION OF VIETNAM HP，http://en.vietnamairport.vn/
15) WORLD AERO DATE HP，http://worldaerodata.com
16) AJTP Information Center HP，http://www.ajtpweb.org
17) 久野康成監修『ベトナムの投資・M&A・会社法・会計税務・労務』TCG出版発行／出版文化社発売，2014年，pp.65-66。
18) JETRO『ASEAN物流ネットワーク・マップ2008』JETRO，2008年，pp.291-298。
19) JETRO HP，https://www.JETRO.go.jp/ext_images/jfile/report/07001642/vn.rev3.pdf
20) ベトナム法務省HP，http://moj.gov.vn/vbpq/Lists/Vn%20bn%20php%20lut/View_Detail.aspx?ItemID=23776
21) 前掲書18)，pp.291-298。
22) JETRO HP，https://www.JETRO.go.jp/world/asia/vn/trade_03.html

第5章
ベトナムにおける流通業の展開
―伝統的市場から外資系企業による競争の場へ―

1 はじめに

　現在，ベトナムは，1億人に迫る人口を有し，若年人口が多く，所得が増加していることから，消費市場としても注目されている。また，1990年代後半から21世紀初頭の中国と同様，製造拠点から販売市場への変化が至るところで見られる。さらにはさまざまな制度改革により，伝統的な小売市場が近代的な小売市場へと変わりつつある。この変化の中では，外資系流通企業の果たす役割が大きくなっている。

　本章では，40年前の統一国家成立後の経済運営を概観した後，販売市場としてのベトナム市場の魅力を取り上げる。ただ，ベトナム市場は外資系企業（外資）にとっては，さまざまな規制があり，障壁となっている面もある。この面から規制緩和とベトナム国内の流通環境の変化にも言及する。そして本格的な外資参入の経緯をたどった後に，日本の流通業のベトナム市場参入について考察していきたい。

　特にベトナムでは，これまで先進国において，小売業がたどってきたように，ある小売業態あるいはフォーマットが盛衰を遂げた後に，新しい業態が誕生していったのではなく，同時に多様な業態がベトナム市場に参入している状況が観察できる。このことからベトナムという新興国における業態展開の特徴についても考察していきたい。

2 ベトナムにおける流通業の位置づけ

2-1　統一国家成立後の経済運営

2-1-1　ドイモイ政策以前の経済状況

　1975年4月，カンボジアのポル・ポト軍がプノンペンに入城し，南ベトナムの首都サイゴンが北ベトナム軍により解放された。当時，ベトナムの人口は5,500万人であった。1976年末，書記長はベトナム共産党大会で，全家庭にテレビ，電気冷蔵庫，洗濯機を揃えると約束したが，ラジオ，ミシンさえ普及していない状況であった（日経新聞1985年4月19日）。

　ベトナム戦争終結後，社会主義国家建設を目指したハノイ政権の経済運営は失敗した。ソ連型の重工業優先路線は計画倒れとなり，生産構造の歪みが残った。また南部の社会主義化が労働生産性を低下させ，農村への人口再配分は進まず，都市は失業者で溢れるようになった。指導部はこれらの原因を外圧や天災によるものとした。1979年導入の経済自由化政策は，指導部内にも反発があり，路線対立が起こった。さらに都市部での流通が問題となり，統制緩和で自由市場は繁栄するようになったが，市場価格が統制価格を上回り，年率60％のインフレとなった。1983年6月，ベトナム共産党は中央委員会総会で経済秩序の立て直しを掲げ，商工業者への増税，資本主義分子一掃キャンペーンを行った。同年11月の総会では，国家による全商品，通貨，市場価格の管理を決定した（日経新聞1985年4月25日）。このようにベトナムでは1980年代前半までは，社会主義経済による負の面があらゆるところで見られた。

2-1-2　バオカップ制度の終焉とドイモイ政策の開始

　ベトナムの社会主義計画経済体制の基盤には，バオカップ制度があった。最大の弊害が，複数市場の存在と多重価格制度であった。複数市場とは配給市場，国公営自由市場，私営自由市場，闇市場である。これら4市場では，1つの財に各々の価格があった。市場経済では一物一価が成立するが，この時期のベトナムは一物四価であった。そのため，価格は闇市場，私営自由市場，国公営自由市場，配給市場の順で高かった（中臣［2002］p.77, pp.82-83）。その後，バオカップ制度が機能不全となり，当局がこれによる配給制度の廃止を決定する

と，物価が急上昇し，政治的には計画経済体制が終わった。他方，計画経済時代には，外国貿易市場も交換不可能通貨圏貿易市場と交換可能通貨圏貿易市場が存在し，各市場での為替レートが決められた。これは公定レートであったが，交換可能通貨圏貿易市場では実勢が無視され，実勢を反映した闇レートが併存した（中臣［2002］p.90, p.121）。このように一国で複数の基準がある場合，当初は多様な意見を取り入れ，順調に運営できていると見えても，各々の基準の間で，歪みが発生し，早晩支障を来すようになる。

1985年の改革では，単一市場と単一価格形成を促進し，ベトナム経済の市場経済移行条件が整備された。経済改革は，共産党第6回全国大会開催の1986年末以降，本格化した。同年には，経済開放を進めるドイモイ（刷新）政策が採用され，①重化学工業重視（自給自足に向けた社会主義工業化モデルの放棄，競争原理による産業構造政策実行，農業と軽工業発展に傾注），②商品経済・市場経済の必要性認識，市場原理重視（各種商品価格は市場需給に委ねられ，政府の価格決定は電力，灯油，輸送，交通手段などに限定），③公的所有制が社会主義の所有形態という考え方を改め，私有制を含む多様な所有形態（私営部門は外国企業の完全所有会社，合弁会社も包含）が明確になった（日経新聞1990年5月5日）。こうしてベトナムでは，約30年前からドイモイ政策による本格的な経済改革に着手し，次第に流通分野の改革においても顕著な変化が見られるようになった。

2-2 外資系企業による投資先としてのベトナム

2-2-1 投資先としてのベトナム

現在，ASEAN10カ国の人口は約6億3,000万人である。2014年の国民1人当たりの国内総生産（GDP）は，シンガポールの約5万6,000ドルからカンボジアの約1,000ドルまで幅がある。ASEANでは，タイが最大の消費国であり，生産年齢人口所得も上昇している。失業率は約1％であり，生産年齢人口は緩やかに減少しているが，2050年までは大消費市場となる見込みである（日経産業新聞2015年4月13日）。図表5-1には，フィリピンやラオスでは人口ボーナス期が続く見通しが示されている。ベトナムでは，人口ボーナス期は終了したが，今後は人口増加による成長ではなく，生産や流通，消費による質の向上が，経済

図表5-1　ASEANの人口ボーナス期

シンガポール	1965～2011年
タイ	1970～2013年
ベトナム	1969～2014年
マレーシア	1965～2019年
ブルネイ	1966～2019年
ミャンマー	1968～2019年
インドネシア	1972～2017年
ラオス	2010～2044年
フィリピン	1965～2049年
カンボジア	1965～2012年と2021～2036年

(出所) 国連経済社会局人口部の推計 (日経新聞2015年4月13日)。

にプラスの影響を与えるだろう。

　投資先としてベトナムが注目されるのは，国民の平均年齢が約29歳と若く，人口が2025年に1億人を超える見込みのためである。図表5-1のとおり，人口増加のピークは過ぎたが，世代別では20～24歳が最多で，若年層が厚い。ただ賃金水準は，ASEANでは低く，タイの3割，インドネシアの半分である。他方，ベトナムではストライキが頻発するため，福利厚生の充実が重要である。労働者はおいしくて量が多く，栄養に優れた昼食を給料と同等に重視し，会社負担が慣習となっている。彼らは社員旅行，宴会，スポーツ大会も楽しみにしている。配偶者や家族も参加できると家族ぐるみで企業への帰属意識が高まり，会社への不満抑制につながる（西山［2013］，ベトナムブラザー聞き取り2015年3月13日）。最近は，ベトナムでは外資誘致が盛んになり，多くの製造業に加え，2009年からは外資100％の流通会社の設立が可能となり，小売サービス業の進出も加速している。またベトナムでは，女性の就労率が高く，流行に敏感な消費性向が旺盛な購買力を生んでいる（日経産業新聞2011年8月26日）。

2-2-2　Ethnic Chinese の存在

　ASEAN経済では，華僑・華人系企業が重要な位置を占めている。華僑は中国生まれで中国籍の一世である。19世紀に福建省，広東省などからASEANへ移民・定住するようになった。現地生まれで現地国籍の二世以降は，華人（Ethnic Chinese）と呼ばれる。華人ネットワークは，流通，金融，サービスなど非製

造分野で強い。通常，株式時価総額の大きい企業は，華僑・華人系の割合が多い。ASEANは日本からの直接投資が多く，華人系企業はトヨタやホンダなど，日本企業との合弁会社も数多く設立している。これもASEANの地場産業が育った要因の1つである（日経新聞2013年1月22日）。したがって，ASEANを中心としたEthnic Chineseの活動には注意を払う必要がある。それは彼らの活動が，今後も本国との関係やASEAN各国の市場に影響を与え続けると予想されるためである。

3 ベトナムの小売環境

3-1 ベトナム地場小売業の変化

3-1-1 伝統的小売業の強さ

　ベトナムでは外資への規制が強かったため，小売業は伝統的小売業態（パパママストア，公設市場など）の割合が依然高い状況にある。特に「チョー（cho）」と呼ばれる伝統的市場は，生き残りを模索している。反面，近代的小売業態（スーパーマーケット：SM，コンビニエンスストア：CVS）の成長も期待される。通常，ベトナムでは，人々は公設市場や食品・日用品など雑貨を扱う個人商店にバイクで行き，価格交渉をしてから購入する。都市部ではバイク，同部品，中古携帯電話，電気，衣料品，メガネの専門店が，同じ通りに複数出店し，公設市場では衣類・化粧品市場，電気市場などと棲み分けてきた。その結果，ベトナムでは伝統的小売業（公設市場や個人商店など）が圧倒的に多く，小売店に占める近代的小売業態の比率は11%と低いままである。このような状況は地方部だけでなく，都市部もほぼ同様であり，ホーチミンでも近代的小売業態の比率は約25%である。これは周辺諸国と比べても際立っている（近江［2012］pp.115-117）。ただ，伝統的小売業は縮小傾向にあり，①消費者のライフスタイルの変化（一部中間層は旧市街から郊外型のマンションに転居）と食品の安全意識の高まり，②政府による市場近代化への強い意志，という2つの要因が影響するようになった。そのため，伝統的小売業から近代的小売業態への転換が一層早まるとされる（経済産業省［2009］p.9）。

先にもあげたように，最近，ベトナムの都市部では，安心・安全志向が強くなり，消費者のライフスタイルが変化し，近代的小売業態の比率が上昇してきた。ホーチミンでは，過去6年間でSM数が2倍になり，CVS・生鮮CVS数が4倍になった。SMはPB（private brand）商品など公設市場より安価な商品もあり，顧客が富裕層以外に拡大している。個人商店の後にSM，SMの後にCVSという段階的な変化でなく，SMが拡大し切らないうちにCVSなど近代的小売業態が増加し，流通近代化が至るところで観察できる（近江［2012］p.117）。つまり，新しい小売業態が低価格で市場参入し，サービス水準の上昇により小売価格も上昇し，それが新たな小売業態が参入する余地を与えるというMcNairが主張した「小売の輪」が回らない市場と言える。

図表5-2　ホーチミン市における主な小売企業

種別		主な店舗
伝統的商業		公設市場，個人商店
近代的商業	スーパー	COOP Mart（地場），Citi Mart（地場），SATRA Mart（地場），BigC（仏），Metro（独），Lottemart（韓），Giant（香），Aeon（日）
	生鮮コンビニ	COOP Food（地場），SATRA Food（地場）
	コンビニ	G 7 Mart（地場），Shop&Go（馬），Circle K（米），FamilyMart（日），Mini Stop（日）
	デパート，モール	Vincom Center（地場），Saigon Tax Trade Center（地場），Parkson（馬），Diamond Plaza（韓），Now Zone（台），Zen Plaza（日），Crescente Mall（台）
	家電量販店	Thien Hoa（地場），Cho Lon（地場），Nguyen Kim（地場）
	そのほか	Daiso（日，雑貨），Lock&Lock（韓，台所用品）

（出所）近江［2012］p.118。

　さらにベトナムでは，伝統的小売業が多いため，卸売業者が多く存在している。通常，各地域に零細業者が乱立し，商品はメーカーから小売業者まで複数の卸売業者（1次卸，2次卸）を経由している。他方，SMを卸売として利用し，購入商品を個人商店で販売する流通形態もあり，流通チャネルは複雑になっている。また，ベトナム全土を商圏とする卸売企業は数少なく，主な企業は南部のHuong Thuyグループ（双日出資）と北部のPhu Thaiグループ（伊藤忠商事出資）である。そのほか，一部の大規模メーカーは，卸売業者を経由せず，

自社で流通させている（近江［2012］p.120）。ベトナムだけではないが，このように流通チャネルが複雑なのは，伝統的小売業が相変わらず一般市民の生活においては重要な位置を占めており，他方で近代的小売業態へと変化させようとする圧力が，さまざまに作用しているためである。さらに図表5-2からは，地場資本による企業が，外資と同様，さまざまな小売フォーマットを手掛けていることも影響していることがわかる。

3-1-2　全国的小売企業の誕生

　2007年以降，ホーチミン拠点の小売業が相次いでハノイを中心とした北部に商圏を拡大し始めた。南北に細長い国土のベトナムは，これまで全国展開をする小売業が少なかった。しかし，道路網が整備され，物流システムが飛躍的に向上していることで，面の拡張が見込まれ始めた。顧客対応や品揃えでは，北部の小売業よりも先行した南部の小売業の北上は，ベトナム全体の小売業再編につながる可能性もある。

　ホーチミンとハノイは，南北分断の歴史に加えて気候が異なり，ファッション志向も異なっていた。そのため，1小売企業の全国展開は難しかったが，南北で情報や所得格差が縮まり，ハノイでも展開可能と見られるようになった。さらに2007年12月，全国的な小売業者の業界団体「ベトナム小売業協会」が発足し，約130社がこれに参加した。協会の発足は2007年1月，ベトナムがWTOに加盟し，2009年に国内流通市場の外資開放の約束が契機となった。また，ベトナムの小売業界で，大規模で近代的な流通システムを構築し，国内小売業の競争力を向上させる目的があった。そして，2007年2月には，Hanoi貿易公社，Saigon Coopなど国内の4大小売業者が，共同で商品管理や物流システムを構築するためにベトナム小売システム投資開発会社を設立した。以前は南北の相互不可侵という暗黙の了解もあったが，連携強化が必要と判断したようである（日経流通新聞2008年2月1日）。

　特にSaigon Coopは，多目的協同組合の代表的小売組織である。都市部生協では，近代的小売技術とフォーマットを導入している。一方，地方では小売協同組合は，生活必需品，肥料・農薬や農産物を販売する重要な役割を果たしている。同組織は，1996年に1号店を出店した後，1998年にはSMチェーンを展開する決定をした。総合SM，近隣型食料品店，CVS，市場内店舗，テレビ・

ホームショッピング・サイトなど，複数のフォーマットを27省で展開している（ICAアジア・太平洋地域生協委員会［2013］pp.114-115）。このようなベトナム地場の小売活動を担当する企業や組織の動きには，外資の影響が強くなったことも窺える。ただ，外資はさまざまな小売規制を乗り越える必要があった。

3-2　ベトナムにおける小売業規制

3-2-1　外資への小売開放と規制

　かつて発展途上国では，外資による販売会社の設立は認められなかった。そのため，市場に商品を流通させようと販売会社の設立認可を求める声が多かった。また多くの国が，ASEANとの国際競争を優位に進めるため，原材料の輸出入税免除を要望した。これらに対して，ベトナム政府は，ロシア企業に販売会社設立を試験的に認可したことがあったが，運営方法などで問題が発生し，政府としては積極的ではなかった（日経新聞1996年4月8日）。この試験的な実施の失敗が，やや長期間にわたって影響した面も見られる。

　ベトナムでは，ほかの分野と同様，流通・小売分野での課題が多い。国民所得が低いため（1人当たりGDPは2014年にホーチミンで5,100ドル，他地域はその半分程度），富裕層以外は，輸入商品を購入することができず，品揃えは地場産品が中心とならざるを得ない。また，道路が狭く渋滞し，駐車場がないため，バイク配送が中心である。他方，ベトナムはWTOへの加盟により，卸・小売市場開放を約束し，2009年に100％外資による小売分野への進出を表向き解禁した。ただ，外資の2店舗目以降の出店では，独自審査（Economic Needs Test：ENT）を実施している。ENTは，外資が多店舗展開し，大量一括仕入れにより商品価格が低下し，地元の中小・零細業者が打撃を受ける懸念が背景にあった。そこでENTは，当該地域での小売業者数，市場の安定，人口密度，都市計画との整合性などの基準で，状況に応じて出店認可を判断した。この審査過程においては，周辺商店街への影響を考慮して，出店認可するなど曖昧な部分もあった。この不明確な基準が，事実上の規制（参入障壁）となり，審査は明確な認可基準を公表せず，地域や担当者において対応が一貫しなかった原因となった。そこで売上高規模や雇用者数など具体的な認可基準提示が焦点になった（日経流通新聞2012年12月14日）。途上国や中進国では，審査基準や認

可基準が明確ではないことがしばしば問題として取り上げられる。この不明瞭さも政治発展の途上においては，しばしばどこの国でも経験することではある。

3-2-2 外資による規制緩和要求

これに対して外資は，審査過程や結果の不透明さの改善を要求した。日本からの要請には，ベトナム政府は2012年内にENTの認可基準を策定し，地方政府に通達する方針を示した。さらに日本は商業施設の転貸規制の明確化も要求した。これは外資が所有した建物へのテナント誘致は認められたが，賃借した建物にテナントを誘致するサブリース（転貸）に関しての法律がなく，地域や人で基準が異なり，事業展開の障害となった。また，現地法人設立には時間がかかり，酒類やたばこ，医薬品では販売権が付与されない商品もあった。そこで日本政府は，ベトナムに進出する流通企業の事業展開を円滑化するため，ベトナム政府との間で定期的な政策対話の場を設けた。

しかし，規制はすぐに改善されないことが予想されたため，外資は地場資本の形で参入し，そこから多店舗展開を図ろうとした。ただそれ以前でもENTに申請した結果，出店認可が下りなかった日系企業は存在せず，両政府間対話では，ベトナム政府幹部は，念入りな審査は都市部のみであり，実際に申請を受ければ早期に認可する意向を伝えており，外資に全く門戸が閉ざされてはいなかった。このような状況があったため，両国政府と企業関係者は，2012年11月，ハノイ市で投資環境整備プログラム「日越共同イニシアティブ・フェーズ4」を設け，年1回ペースで協議した。さらに2013年1月，ベトナム政府や商業関係者を招き，日本の流通企業で研修を受けてもらった。これは2011年に先行実施し，ベトナム側は「日本の流通の現状と動向が理解できた」と評価した（日経流通新聞2012年12月21日）。そして，両国の官民が約1年半をかけて投資環境改善を協議し，70項目について検討を加え，約9割で改善が見られた。最大の成果は，小売分野での出店認可基準の策定・公表であった。さらにENTが不要になるケース（当該市・省が商取引計画区域に定めた区域にあること，総売場面積500m²未満，既にインフラ整備が完了している）なども公表された（Anderson Mori & Tomotsune [2013]）。こうして曖昧であった出店許可基準が公表され，外資にとって出店に関しての不透明な部分がかなり明確にされ，ベトナム市場進出については追い風となった。

4 外資系小売業のベトナムでの事業展開

4-1 日系以外の外資系小売企業によるベトナムでの展開

4-1-1 海外出店行動と市場特性要素

　通常，外資が本国以外の市場に参入する際には，多様な面を考慮したうえで，出店を決定する。これら各側面には，対応する市場特性要素があり，その要素に基づいて検討が進められていく。まず，日本以外の外資によるベトナムでの出店行動を取り上げるが，近年，ホーチミンだけではなく，ハノイ，さらには中部のダナンを中心に進出が続いている。これには，各側面に対応した市場の特性要素面での評価が上昇したためという積極的評価がある。他方，本国市場の狭隘化やほかに進出している国や地域の状況悪化も影響している。いずれにしても，これまで取り上げてきた要素から判断し，外資がベトナムへの進出に踏み切っているという面を見ていきたい。図表5-3は，自国以外で出店する行動側面と市場特性要素を示している。海外出店する企業は，これらすべてではないが，これらの多くの側面を有しており，多様な市場特性要素を考慮しながら出店を判断する。近年，ベトナムへの外資進出は，市場特性要素が大きく変化したことがその理由となっている。

図表5-3　海外出店行動の諸側面と市場特性要素

海外出店の諸側面	市場特性要素
①進出意思決定	人口規模，平均所得，市場の成長性，都市開発状況，国民性，宗教，政治的安定度
②1号店の店舗開発	都市開発状況，商業施設開発状況，立地規制，不動産慣行
③従業員雇用	労働法的規制，労働慣行，労働意識
④商品調達	関税，輸入規制，流通システムの態様，中間流通の状況，取引慣行，物流インフラ
⑤商品販売	気候，所得，人口密度，民族構成，宗教構成，住宅事情，生活習慣
⑥2号店以降の店舗開発	人口密度，都市計画，立地規制，不動産慣行，消費者モビリティ，資金調達，金利動向，物流施設
⑦店舗運営・管理	家賃変動，テナントリーシング環境

（出所）川端［2009］p33，柳［2012］p.206に加筆一部修正。

4-1-2　欧州企業によるベトナムへの進出

　1998年8月，南部ドンナイ省ビエンホア（ホーチミン市近郊）に，仏Bourbonsと国有企業の合弁により，同国最大のハイパーマーケット（HM）Cora Hypermarketが開店した。店舗は売場約6,000㎡で約25,000アイテムを品揃えし，トイレットペーパーだけで30ブランド以上を並べ，販売価格は国民が普段使用している市場での価格かそれ以下であった。主力の食料品は，冷凍・冷蔵施設を完備し，衛生面にも配慮した。ビエンホアへ出店することになったのは，ホーチミンでは土地代，土地不足で駐車場が十分確保できないためであった。第2号店は，ホーチミン郊外のビンチャイ市に2000年初めに開店し，売場面積は約1万㎡であった（日経流通新聞1998年9月29日）。さらに2004年9月，Bourbonsは北部で初めてハノイ市郊外にHMを出店した。同市では前年7月，独Metroが出店していた。当該店舗は，ベトナム国営観光会社との合弁会社が運営し，敷地35,180㎡，延べ床面積6,500㎡で，外食店や専門店も建設した。ここではバイク1,200台分と自動車350台分の駐車場を設け，食品加工場も併設した。地元の食品日用品だけでなく，輸入品も品揃えし，物流は仏Casinoと協力体制を構築した。Bourbonsは，ハノイでの開店に合わせ，既存のCora Hypermarket 3店舗をBigC（HM）に変更し，多店舗化を進めていった（日経流通新聞2003年11月25日）。そして2010年1月には，BigCはベトナム国内の拠点が10店舗に増加した（日経新聞2010年3月11日）。

　2000年以降，Louis Vuitton, Cartierなどもベトナムに出店した。1980年代には，ベトナムは世界の最貧国だったが，このような高級ブランド企業の出店は，1人当たりGDPという統計数字だけでは見えない購買力を裏付けるものであった。ドイモイ政策導入後，市場経済化を推進し，起業家が次々に登場した。地価上昇や株式投資など，新富裕層が高級ブランドの顧客となった（日経流通新聞2008年8月8日）。つまり，ごく一部の富裕層に限られていた顧客の裾野が拡大し，外資には新富裕層の拡大が市場参入機会ととらえられたわけである。

4-1-3　アジア企業によるベトナムへの進出

　ASEANの他国からの外資では，タイ最大財閥のCharoen Pokphand Groupが，2008年から5年間で，不動産や商用施設開発に36億ドルを投資する計画を発表した。2013年までに約18億ドルを投じ，不動産やSCなど小売店舗開発に

着手した。同グループは，華僑が1921年にバンコクで創業した肥料の貿易会社が母体であり，食品分野中心に流通や通信会社も傘下に持つタイ最大級の財閥である。中国政府との関係も深く，2006年のグループ総売上高14億ドルのうち約40％は中国に由来していた（日経産業新聞2007年11月14日）。先にあげたように，Ethnic Chinese企業による事業活動の顕著な事例である。

　ホーチミン市では，2009年の近代的小売業比率は11％であった。その後，SMではCoop Martが24店舗（全国で59店舗，2012年7月末），Citi Martが19店舗（全国で27店舗，2012年7月末）など地場企業が増加した。他方，外資では，BigC，Metroがホーチミン市を中心に全国へと拡大していった（各々ホーチミン市で5店，3店，全国で19店，17店）。また，韓国Lottemartが，2006年にベトナム市場開拓を目標に掲げた。当時，Lottemartは，自国内に47店舗あったが，新世界がWal-Martの韓国現地法人を買収し，E-Martとの差が2倍以上となり，逆転が困難になった。そこでLottemartは，ベトナムで10店舗以上を出店し，市場開拓で先行しようとした（日経流通新聞2006年11月10日）。Lottemartは，2008年に1号店，2012年7月末にホーチミン市で2号店を開店し，その後，ドンナイ省と中部ダナン市に拡大した。2018年には25店舗体制とする計画であるが，2012年末までに2店舗しか開店できず，自社資本でのチェーン展開が厳しい状況に置かれた時期もあった（日経流通新聞2012年12月14日）。さらに2011年には香港Giantが，ホーチミン市内に1号店を出店した（近江［2012］pp.117-118）。こうして当初は，ベトナムには欧州系の近代的小売企業が中心に進出してきたが，次第にアジア地域を出自とする企業の進出が見られるようになった。

　ベトナムでの外資の行動は，インドなど小売分野に規制がある新興国の開拓モデルとなる可能性があろう。韓国E-Martは，2020年までにベトナム国内で52店舗と物流センターを設置しようとしている。香港Daily Farmは，2011年12月にGiant（大型SM）を開店し，すぐに2号店の出店準備に入った。ベトナムでは，2011年の小売業売上高は前年比24％増の2004兆ドン（約8兆円）となり，市場規模は過去10年で約8倍となった（日経新聞2012年3月2日）。

　一方，地場SMは，いわゆる生鮮CVS（Coop Food, Satra Foodなど）を展開し始めた。Coop Foodは，2012年7月末には45店舗に達した。これらの店舗は，SMより店舗が狭く，バイク駐輪場が近くにあるために手早く買い物ができ，

長時間営業のために会社帰りでも利用が可能であった。またCVSとは異なり，生鮮食品を中心に扱っていることが差別化の要素となっている（近江［2012］p.118）。SATRA（Saigon Trading Group）は，1995年設立の国営系商社であり，60社以上のグループ会社を擁している。流通部門では，物流事業会社3社，SM，公設市場1社が傘下にある。またHAPRO（Hanoi Trade Corporation）は，2004年に設立された国営系商社であり，ハノイ周辺で直営SMと同チェーン系列店舗を管理している。さらに日本の大創産業と提携し，「3万ドンショップ」をハノイに出店した（食品産業センター［2009］pp.44-45）。これらはまさに地場企業が自国の顧客行動を身近に観察し，それを見据えたうえでの小売フォーマットの展開である。

　CVSは外資が中心となっており，生鮮食品を扱わず，日用品や食品，飲料，ファーストフードなどを販売している。馬Shop & Go，米Circle Kがホーチミン市で2011年11月に各々約80店舗，約20店舗展開し，数年で店舗数を拡大させた。百貨店は，外資を中心として都市富裕層向けに品揃えし，高級ブランドのほか，日用品，衣類，スポーツ用品，レストラン，フードコート，ゲームセンターなども設置している。馬Parksonは，ベトナム国内で最多店舗数を有し，2012年7月，ホーチミン市6店舗，ハノイ市とハイフォン市1店舗ずつを出店していた。また，後で取り上げる日本のZen Plaza，韓国Diamond Plaza，台湾Now Zoneが，1店舗ずつホーチミン市に出店した。中心部の高級百貨店以外では，2011年11月，台湾Crescent Mallがホーチミンの高級住宅地7区に出店し，Vincom Centerが2011年にホーチミン市中心部に1店舗（ハノイに1店舗，ホーチミンに2店舗目を建設），ホーチミン市以外では，Savico Mega Mallがハノイに2011年に1号店を開店した。その他の都市でも，高級百貨店ではないが，近代的小売施設であるSCが見られるようになった（近江［2012］pp.118-119）。

4-2　日系企業のベトナム進出

4-2-1　日系小売業のベトナム進出

　最近，「China plus 1」を目指し，日本の大手・中小チェーンストアなどによるASEAN出店が増加している。日本の小売企業によるベトナム進出は，現在から四半世紀以上前，西友と三菱商事が，ベトナム農業・食品工業省傘下の農産

物輸出公団 Agrex Porte と合弁会社を設立し，店舗展開を開始したことに始まる。これには，流通近代化を目指したベトナム政府からの要請があった。1994年7月に正式調印し，国家協力投資委員会の認可を得て，現地法人を設立し，西友 Agrex となった。同年内にハノイに1号店を出し，多店舗化とともに生鮮品中心の商品開発・調達を目指した。当初は外資系企業に勤務する外国人居住者とベトナムの富裕層をターゲットとしていた（日経新聞1994年7月5日）。ただ実際に出店したのは1999年であった（柳［2012］p.196）。この背景には，当時，ベトナムでは物流施設や情報システムなどの基盤が不十分であったため，流通近代化とともに，農産物や水産物など一次産品の輸出拡大という意図があった。他方，Agrex Porte は，農産物輸出公団であったため，外資が求める品質水準を達成すれば，そのまま輸出可能な商品として受容されるという期待もあった。一方，西友と三菱商事には，将来の商品調達基地確保の意図もあった。また外資のベトナム進出では，合弁企業設立の場合，国家協力投資委員会で全会一致の認可が必要であったが，西友の場合はベトナム政府からの要請であり，委員会は早期に認可し，他社が進出を決定しても両社にない特色を打ち出さなければ認可を得にくい状況となった（日経流通新聞1994年8月2日）。このような対応は，社会主義経済にはしばしば見られる対応である。つまり，多くの企業が同じスタートラインに立ち，一斉に競争が開始されるのではなく，特定の企業や組織がかなり優遇された位置からスタートを切れる状態が提供されている。

4-2-2　日系百貨店のベトナム進出

　1999年に仏壇仏具を扱うはせがわが，ホーチミン市で同国最大規模の百貨店 Nhat Nam（その後 Zen Plaza）を開業した。はせがわが1998年に建設したビルは，オフィス賃貸を目的としていたが，アジア経済危機で需要が期待できなくなったことが，同社の百貨店経営につながった。市内で多数のスーパーを所有し，現地情報に詳しい合弁相手が，百貨店経営に意欲的であった。この店舗はエスカレーター，駐車場，冷房，清潔で明るい売場，統一した包装紙などを使用し，セガやナムコの機種を集めたゲームセンター，Lotteria などの外食業などを導入し，売場以外も充実させた。輸入品割合は小さいが，衣料中心に30％以上を充てた。当初は，総売場面積の直営部分が約8割，残りがテナントとなった。そして，ヤオハンジャパンからアジア経験の豊富な人材を招聘し，売

面積6,140㎡で，年中無休で9時から22時までの営業を計画した（日経流通新聞1999年8月17日）。

　最近の日本の百貨店によるベトナムでの行動としては，2011年9月，高島屋の不動産子会社東神開発が，ベトナムにコンサルティング会社を設立した。これはベトナム進出を目指す日系企業や不動産開発業者に向けた現地手続きや法律，商習慣などの助言を目的とするためである（日経新聞2011年10月21日）。2016年には高島屋がホーチミンに第1号店を出店する予定である。予定地は，日本で言えば銀座のような場所である（貿易研修センター［2015］）。さらに三越伊勢丹ホールディングスが，2010年10月，ホーチミン市に事務所を開設し，社員1名が常駐し，消費動向や競合店などの情報収集を開始した。まだ実現していないが，同社が出店すればアジアで6カ国・地域目となる（三越伊勢丹ウェブサイト，2015年10月10日確認）。

　ベトナムの流通市場での百貨店（SCを含む）の占有率は約2％である。他方，インドネシアでは，既に「SOGO」の看板を掲げた百貨店が10店舗出店している。日本のそごう・西武は商標供与だけであるが，日系百貨店が後から参入するのは難しい状況をつくり出している。というのも同社は，現地の消費者ニーズに合わせた商品仕入れや売場開発に一定のノウハウを持っているためである（日経MJ2010年11月22日）。ただLotte Groupは，2013年にハノイで百貨店開店の方針を公表し，2014年に出店を実現させている。

4-2-3　コンビニエンスストア（CVS）

　近年になり，ベトナムではCVSの出店が加速している。FamilyMartは，2009年にベトナム地場の卸売大手Phu Taiと提携した。合弁企業を設立し，2012年7月には22店舗を展開していた。他方，Mini Stopも2011年に地場CVS大手G7Martを展開するTrung Nguyen Ca Pheと提携し，2012年7月末に6店舗を展開していた（近江［2012］pp.118-119）。これら日系CVSは，現地企業や他国の外資が展開するCVSとは異なり，品揃えは日本の約半分ほどであったが，ほぼ日本のCVSと同規模の店舗面積で展開を開始した。

　日系2社のCVSは，サービスで差別化し，顧客の支持を得ようとしてきた。一方，Phu Taiは2013年8月，2015年末までに300店舗体制とする目標を公表した。同社はタイの財閥であるThai Charoen Corporation Group（TCC）と提

携し，B's Mart（CVS）を展開してきた。同社が大規模な計画を立てたのは，FamilyMartの店舗買収が契機となった。ただ，FamilyMartは，Phu Taiと提携し，2013年6月には42店を出店していたが，ホーチミン市でFamilyMartの看板が，一夜でB's Martに替わった。それはPhu Taiが，TCCグループ傘下のBerli Jucker（BJC）に買収されたためであった。TCCグループには，ビールやスナック菓子などを製造している企業もあるが，小売経験には乏しかった。そこでBJCは，FamilyMartに共同経営を持ちかけたが，後者はノウハウ流出を嫌い，独自路線を選択した。そのため，FamilyMartは直営店1店舗を残し，残り41店舗をBJCに売却した（日経MJ2013年11月22日）。FamilyMartは，提携していたベトナム企業とは提携解消し，当面の目標店舗数を大幅に下回った状態である。これは提携の際には，提携相手企業を詳細に調査する必要性を教えてくれる。

　このようにホーチミンでCVSを展開する企業の多さは，CVS市場が草創期から普及期への境目に差しかかっていることを示していると言えよう。通常，1人当たりGDP3,000ドルがCVS普及の分岐点とされるが，ホーチミンでは2012年に3,600ドルを超えた。2013年10月時点で馬Shop & Go（90店舗），Circle K（加本社出資：53店舗），B's Mart（51店舗），Mini Stop（17店舗），FamilyMart（7店舗）と飽和状態である（日経MJ2013年11月22日）。FamilyMartは巻き返しのため，100％地場資本でVietnam FamilyMart Storesを発足させた。そして，ホーチミン中心部の主力店を2013年7月末に新装開業した。デザインで高級感を出し，豊富な品揃えによって他店とは差別化し，早期に300店舗体制確立を目指している。他方，Mini Stopは，売れ筋のソフトクリームやソーセージに加え，店内調理のファストフードを拡充している。店内の飲食スペースは，学生中心に利用率が高くなっている。さらにベトナムでは，2013年6月に外資小売規制が緩和され，500㎡未満の小規模店舗は出店審査が免除された。この規制は運用面での不透明さが残るが，CVSの多店舗展開には追い風である。ただ，ベトナムではフランチャイズチェーンの仕組みが十分整備されておらず，外資がCVS店舗用地を確保する難しさも残っている（日経MJ2013年10月11日）。つまり，日本のモデルをそのまま移転するだけでは現地では通用せず，アジア発の新しいモデルがベトナムでも求められている。

4-2-4　ベトナムにおけるショッピングセンター（SC）の展開

　日本の代表的小売企業であるイオンは，2008年にイオンクレジットサービスが，ホーチミン市計画投資局から小売業認可を取得し，日系企業初となる割賦販売事業を開始した。この認可取得により，対象をパソコンから開始し，家電・家具などに拡大した。そして，クレジットカード事業開始に向けた動きを開始した（イオンクレジット［2008］）。これは割賦販売事業から市場動向を探る布石であった。イオンは，2012年度に日本，中国，東南アジアの3本社体制に移行し，アジア事業を拡大している（貿易研修センター［2015］）。

　イオンは2014年初め，ホーチミン市郊外に1号店を開店し，すぐに2店舗目を目指した。2012年，同社はホーチミン市北部のビンズオン省でSC新設の検討を開始した。2013年を目標として新都市開発計画が浮上し，SMなど商業施設の需要増が見込まれた。イオンは，開発プロジェクトの関連情報を早期に入手し，当局に出店意向を伝え，2号店の認可取得の地ならしを開始した。商品戦略では，インドネシアで売れている商品をベトナムやカンボジアに持って行き，逆も行っている。この体制を早期に構築できれば，ASEANでのイオン特有のシナジーが発生することになる。そして，物流網，調達網，情報網，人材，バックオフィス機能の統合もメリットとして出る（『販売革新』2015年7月号，p.89）。さらにイオンでは，日本を含めた9カ国で小売・デベロッパー事業を展開している。展開している小売フォーマットもGMSやSCだけでなく，CVS展開やディスカウント・ストア（DS），SMなど多岐にわたっている（イオンウェブサイト，2015年10月10日確認）。2015年10月，ハノイでLong Bien SCを開店した。ホーチミンとは異なり，北部での初展開となる。ここでもイートインスタイルで，即食需要に対応し，輸入品コーナーでは同社のPB商品約200品目を加え，約800品目としている。さらに2016年夏にもビンタンで開店予定である（イオンNews Release2015年9月3日，東［2015］p.2）。

　他方，イオンはホーチミン市でSCを2カ所開業し，2020年には全国20カ所で開業を計画している。ただ2号店のビンズオンキャナリーでは，既に一部日系の飲食テナントが撤退した。背景にはベトナムの一般市民の所得水準とライフスタイルに対する価格と商品政策の乖離がある。具体的には，①各専門店の販売商品価格が高い（特に衣料品），②来店手段がバイク中心で商品購入点数が少ない，③現地の有力チェーンストアが極端に少なく，売上不振の入れ替えが

進まない，などである。ただ食品については，現地に浸透している。生鮮三品や日配，デリカなど鮮度重視のカテゴリーでは，顧客のイオン（＝日本の小売業）への信頼感やロイヤルティは高くなっている。これはほかの外資SMが容易に模倣できない（『販売革新』2015年7月号，p.107）。また店舗開発は，出店業態でもその影響が異なる。イオンのSCの核店舗としての出店はデベロッパーが鍵となる。デベロッパーが手掛ける土地，店舗物件は不動産や建設業者との連携や関係構築が必要である（柳［2012］pp.209-210）。つまり，自前でSCのデザインを行うのではなく，地元業者との連携が求められる。

4-2-5　日系卸売業のベトナム進出

　ベトナムでは取扱商品や個別企業によるが，卸売業の多くは倉庫貸しおよび運搬業者に代金回収機能が付いた程度であり，マーケティング機能や営業代理機能が期待できない。そのために，進出企業は，自らマーケティングや営業を行わなければならない。実際，近年シェアを伸ばしている企業の場合，メーカーが自らプロモーターを小売店に派遣し，各小売店を訪問・開拓することが多くなっている（小川［2012］）。商品調達は，現地の流通システムの態様や中間流通の状況，あるいは歴史的風土により醸成されてきた取引慣行の影響を受けることになる（柳［2012］p.210）。2010年6月，総合食品卸の国分と総合商社の双日が，ベトナムでの卸事業で業務提携を発表した。そして，双日が出資するベトナムの現地卸事業に国分が協力する形で取引先の小売業を開拓する方針とした。2007年，双日はホーチミン市の現地食品卸 Huong Thuy Manufacture Service Trading Corporation に出資した。国分は同社に人材を派遣し，情報収集をしながら同社への出資など，事業展開の具体的な方向を決定した。このような日本の大手食品卸によるベトナムでの事業開始は初めてであった。ベトナムでは2009年に外資参入が自由化され，欧州やアジアなどの流通企業が進出し始めたことから，国分と双日は日本で蓄積した売場支援ノウハウを提供し，これら小売業との取引を獲得し，日系小売企業の進出に備えた。つまり，現地の中間流通が整備されていないために，日本流の卸売業の必要性を訴求したわけである。

5 おわりに

　人口増加と所得の増加は，必需品を販売する流通業だけでなく，買回り品や専門品を販売する流通業にとっても魅力的である。もちろん，ベトナム国内の流通業者だけでなく，外資にもその魅力は大きいものである。これまでベトナムでは，世界の最貧国といわれた状況が，政治や経済の混乱のために長く続いた時期があった。しかし，経済改革によって新興国に位置づけられ，さらに中進国へとその成長の歩みを進めている。ごく一部に限られていた富裕層は次第に拡大し，一般国民家庭でも耐久消費財が普及し，衣食住に関する生活は向上している。この状況を継続させるため，特に政府は国内企業の成長を期待している。他方では，それが外資には参入障壁となる。これまで流通分野でも設立する企業の出資比率や，2号店出店の際には流通規制が障壁となった。このような規制は，国内企業を守り，成長させることになるだろうか。おそらく規制は，長期的には当該国自体の成長ではマイナスに作用する面も多いだろう。自国経済や企業を守ることは政府や政治の役割である。一時的，短期的にそれらを守ることが可能であっても，長期的な国民生活の面では，それが寄与するとは限らない。

　ベトナムでは，伝統的小売業から近代的小売業態への転換が進んでいる。これには国内企業だけでなく，外資の与える影響が大きい。多くの外資は，ベトナム市場を舞台に事業展開を開始し，日本の小売企業も多く進出している。外資は，ベトナム市場をどのように位置づけているのだろうか。それは自国市場の狭隘化や，昨今のChina plus 1としての役割しかないのか。それとも現地市場を豊かにするという大目標を掲げ続けているのか。流通を考えるとき，商品の提供側だけでなく，提供される側を考慮する必要があるというのはこの点も大きく影響してくるからである。本章で取り上げた外資，特に日本企業のベトナムでの展開は開始されたばかりといってよい。しかもベトナム国内の企業や協同組合，そしてさまざまな国からの外資が，一気にさまざまなフォーマットでの展開を試みている状態である。これは先進国がこれまで経験してこなかった状態であり，特徴的である。ただ，これらの企業や組織が単に市場拡大を目標とし，戦略を実行していくだけならば，早晩頓挫するだろう。ベトナム国民の生活の質の向上を第一義としなければ，外資の当該国での存続は覚束ない。

[参考文献]

Anderson Mori & Tomotsune［2013］Vietnam International Law Firm（VILAF）ニュースリリース，2013.6.11.

ICAアジア・太平洋地域生協委員会［2013］「ベトナム」『アジア・太平洋地域の生協の現状：2012年』pp.111-121。

東幸治［2015］「日本食ブームに沸くベトナム」福岡県バンコク事務所海外駐在員レポート。

イオンクレジット［2008］「ニュースリリース」2008.6.26。

上村淳三［1993］「大型小売業の海外進出」日本経済新聞社編『流通現代史』日本経済新聞社。

近江健司［2012］「9．小売流通」守部裕行編著『ベトナム経済の基礎知識』JETRO。

小川達大［2012］「ベトナム編－アジアの新風をつかむ－」『The Daily NNA【Vietnam & Indochina Edition】』第1862号，2012.2.7。

川端基夫［2009］「小売国際化とアジア市場の特性」向山雅夫・崔相鐵編『小売企業の国際展開』中央経済社。

木下俊彦［2010］「第1章 今後のベトナムのあるべき経済社会の展望と戦略提言」早稲田大学ベトナム総合研究所『東アジア新時代とベトナム経済』文真堂，pp.1-22。

経済産業省［2009］『小売業の国際展開に関する調査報告書』。

食品産業センター［2009］「第3章 ベトナム食品市場への進出に当たって〈事業戦略編〉」『ベトナム食品マーケット事情調査報告書』pp.38-48。

西山茂［2013］「日本企業のベトナム進出の現状と課題」『早稲田国際経営研究』早稲田大学WBS研究センター，No.44, pp.31-44。

中臣久［2002］『ベトナム経済の基本構造』日本評論社。

貿易研修センター［2015］7月31日配信。

柳純［2012］「日系小売企業の海外展開と戦略」『佐賀大学経済論集』第45巻第1号，pp.193-218。

第6章

ベトナムにおける女性起業家の現状と支援

1 研究の視点

　ベトナムは1980年代半ばからのドイモイ政策以降，政治的には社会主義体制を保ちつつも市場経済化を促進してきた。特に外国資本の導入による工業化が進むとともに，規制緩和によってベトナム人による会社設立が盛んになった。ドイモイ以前には許可されていなかった株式会社の設立が可能になったのである。製造や流通，貿易を担っていた国営企業が民営化され，さらに新たな企業が次々と設立されることにより，競争が生まれ，経済や産業の発展が加速した。

　そのような状況にあって，従来は個人事業，特に飲食業や小売業がほとんどであった女性の起業も，ITやサービス，製造業などの分野で株式会社を設立する例が出てきた。小規模な個人事業と異なり，企業経営では人やお金を適切に管理し，他社との競争に勝ち抜く戦略の策定が必要とされる。市場経済の勃興期にあって，女性たちは経験のない企業経営にチャレンジしているのである。

　翻って日本においては，安倍政権が「一億総活躍社会」の実現を掲げ，その一環として女性の活躍，特に育児期の女性の社会・経済活動への参加が期待されている。仕事と家庭，育児との両立を図りつつ経済活動に参画する方策の1つとして，在宅ワークや自宅起業があり，近年，専業主婦だった女性が自宅で開業する「ママ起業」が注目を集めている。

　第1子の出産を機に仕事を辞める女性が6割を占める状況において，専業主婦から起業する女性の多くはビジネス知識が不足し，何らかの支援を必要としている。経験のない企業経営にチャレンジしているベトナムの女性起業家たちと共通する部分があると思われる。そこで本研究では，ベトナムの女性起業家の事例を調査分析し，日本の「ママ起業家」のような職業経験に乏しくビジネ

ス知識が不足している女性の起業支援のあり方について，有益な情報を得ることを目的とする。

2 ベトナムにおける女性労働事情と女性経営者の状況

　ベトナムにおける女性起業家の活動を見る前に，ベトナム女性を取り巻く労働事情を見ておきたい。日本においても，経済活動における女性の活躍は，まず雇用における男女の機会均等，同一処遇から始まった。自営業者や企業の経営者になるのに性別は関係ないが，実際に事業資金を調達したり，取引先を開拓する際には苦労している女性は少なくない。女性が企業の中で男性と同様の仕事に就き，責任ある立場で活躍するのが珍しくない状況になって，ようやく女性の経営者も性別ではなく実力で評価されるようになってきたと言えるのではないだろうか。ベトナムにおいても，まず雇用や労働環境における男女の違いを把握する必要がある。

2-1　ベトナムの労働事情

　ベトナムの労働市場の概況については，総合統計局（General Statistics Office）が毎年，「労働力調査報告（Labor Force Survey Report）」を出している。それによれば，ベトナムにおける2014年の労働力率（男性15-59歳，女性15-54歳）は，全体で77.7％であり，男性が82.5％，女性が73.3％となっている（General Statistics Office 2015）。女性のほうが若干労働力率が低いが，日本のように24歳～35歳の育児期の女性の労働力率が低下する，いわゆる「M字カーブ」は見られない（図表6-1）。グラフは2009年のデータであるが，各年の「労働力調査報告」を見ると2014年までこの傾向は変わっていない。

　失業率は，労働力人口全体で2.40％，男性が2.53％，女性が2.26％（2014年）である。労働者の職業上の地位と産業別の分布は，図表6-2のとおりである。まだ農業等第1次産業に従事する者が多い（46.3％）ためか，自営業者や農業者などが最も多く40.8％を占める。またサービス従事者は，年々増加傾向にある（General Statistics Office 2015）。

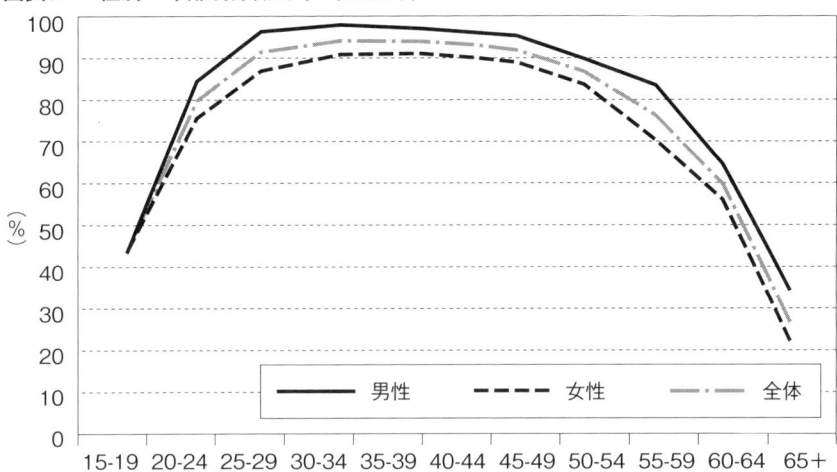

図表6-1　性別・年齢別労働力率（2009年）

データ：General Statistics Office (Viet Nam) "Labor Force Survey 2009".
出典：National Center for Market Forecast and Information (2010) "Viet Nam Employment Trends 2010".

図表6-2　職業上の地位および産業別労働者の分布（％）

	2011年	2012年	2013年	2014年
職業上の地位				
経営者	2.9	2.7	2.5	2.1
自営業者・農業者	43.9	45.1	45.5	40.8
家族従業者（無給）	18.6	17.5	17.2	21.4
賃金労働者	34.6	34.7	34.8	35.6
協同組合等メンバー	0.0	0.0	0.0	0.0
産業				
農林漁業	48.4	47.4	46.8	46.3
鉱工業，建設業	21.3	21.2	21.2	21.4
サービス	30.3	31.4	32.0	32.2

出典：General Statistics Office (Viet Nam)（2015）"Labor Force Survey 2014".
注：サービスには，卸売業，小売業，バイク修理，ホテル・レストラン，輸送，情報通信，金融，技術開発，不動産，物品賃貸，公務・防衛，社会保障，教育，医療・福祉，文化・スポーツ，労働組合，各種団体・組合，社会事業，個人向けサービス，家事代行，その他国際機関等が含まれる。

被雇用者の毎月の平均賃金は，男性が4,645,000VND（日本円で約23,200円），女性が4,235,000VND（約21,160円），全体で4,473,000VND（約22,350円）である。賃金は2011年から2012年には20％ほど上昇したが，最近は8％程度の上昇におさまっている。

　管理職に占める女性比率や勤続年数など，男女の雇用環境の差異を示すデータは数少なく，古いデータしか把握できないが，例えば2005年における中央官庁の部長クラスの女性比率が6％，部長代理クラスが14％，課長レベルが25％，課長代理クラスが33％と，日本よりやや女性の管理職への登用が進んでいるように見える。だが社会主義国であり男女平等をうたっているという背景を割り引いて考えると，やや女性の登用が少ないと考えられる。10年たってどれほど女性の比率が上昇したかは不明である。

2-2　ベトナムにおける企業経営と女性

　社会主義国であるベトナムでは，1980年代半ばからドイモイ政策によって市場経済化が進められ，外国企業による投資が始まった。国営企業以外に，国民が民間企業を設立することができるようになったのは，2006年の企業法制定以降である。現在は最低資本金の規制も緩和され，ほとんどの分野で法人を設立することが可能である。

　ベトナム商工会議所（VCCI）の調査によれば，ベトナムの全企業に占める女性経営者が経営する企業の割合は，21％である。女性が経営する企業のうち，97％は民間企業，残りの3％は国営企業と外資系企業である。全体的には21％と比較的多いものの，主要な産業（農業，ガス・電力，水道，建設）では90％前後が男性経営企業である（Vietnam Chamber of Commerce and Industry 2010）。

　女性が経営する企業の特徴は，男性より小規模で赤字企業の割合も多いという点である。赤字企業の割合は，男性経営企業が22.8％であるのに対し，女性経営企業は25.7％である。また，女性経営企業の平均労働者数は41人，男性経営企業の平均は78人と大きな開きがある。女性労働者の割合は，女性経営企業のほうが49.2％と男性経営企業（42.3％）より高くなっているが，労働者1人当たりの平均収入（賃金）は女性経営企業が3,300万VND（日本円で約165,000円）であるのに対し，男性経営企業は4,000万VND（約200,000円），労働者1

人当たりの企業収益は女性経営企業が6億VDN（約300万円），男性経営企業が6億7,000万VND（約335万円）である。VCCIはその理由として，女性が経営する企業は織物や刺繍など伝統的に女性がスキルを持っている分野（付加価値があまり高くない分野）が多いためであると分析している（Vietnam Chamber of Commerce and Industry 2010）。

ILO調査によれば，ジェンダーに起因する女性経営者の最大の課題は，家庭責任との両立である。女性経営者は増加したが，男性の家庭責任は増加していない。女性はビジネス関連の意思決定には限定的にしか関与できないが，家族に関する意思決定は行っている。その間，男性はビジネスに関する意思決定をしているのである。つまり，女性はほとんどの家事労働を引き受けているため，能力向上や情報へのアクセスや，労働者としての競争力の向上を行うことが難しいと結論づけている（ILO 2011）。

ほかの調査結果においても，女性経営者は男性経営者よりも教育レベルが低いものの，男性と比べて教育やスキルの不足が事業の継続や拡大の妨げになるという認識を持っていないとされている。女性のほうが成長意欲が低く，自分名義の土地の所有も少ない。そして女性経営者のほうが，男性よりも家庭責任が事業の継続や拡大を妨げており，家庭責任は女性の企業経営に対する制約となっている。また信用を得るにあたって，女性はジェンダーによる偏見を持たれることが男性より多いが，男性経営者は銀行から長期の借り入れをする際に，女性経営者より信用を得ることが難しい（United Nations Industrial Development Organization（UNIDO）Vietnam 2010）。

このような状況において，企業経営者自身が改善すべきと考えている規制や支援策についてみると，男性は「資金借入へのアクセス」が43％だったのに対し，女性は37％にとどまっている。女性は「スキルの向上と訓練」が28％と男性（20％）より多い。また「政府と民間企業との対話の増加」も女性（11％）のほうが男性（3％）よりニーズが高い（図表6-3）。

ベトナムにおける女性の労働事情は，労働力率は年齢に関係なく男性とほぼ同様であったが，管理職登用は男性より遅れていると思われる。また経営者に占める女性の割合は2割程度と日本より高いが，女性が経営する企業は男性より小規模で赤字企業が多く，成長意欲も低い。事業分野も織物や刺繍など伝統的に女性が行ってきた業種が多いため，従業員に占める女性比率も高い。

図表6-3　企業経営者が改善すべきと考えている規制や支援策

	男性	女性
資金借り入れへのアクセス	43%	37%
スキルの向上や訓練	20%	28%
ネットワークづくりの機会	35%	22%
政府と民間企業の対話の増加	3%	11%

出典：UNIDO (2010) "Gender Related Obstacles to Vietnamese Women Entrepreneurs."
注：ベトナム商工会議所の会員企業240社の経営者（男性41人，女性199人）に対する質問紙調査。

　概してベトナムの女性経営者は，銀行からの長期資金の借り入れにおいてのみ男性より有利な状況にあるものの，家庭責任と企業経営の両方を担わなくてはならず，教育の機会も少ないため，潜在的な支援ニーズは高いものと考えられる。

3 ハノイ市の中小企業・起業支援

　今回のプロジェクト研究は，ハノイ市に立地するベトナム国民経済大学との連携で進めたため，ハノイおよびその近郊に立地する支援機関や企業に対する調査を中心に行った。この節では，ハノイ市中小企業支援センター（Hanoi Authority for Planning and Investment SME's Promotion Center in Hanoi）が管理運営しているビジネス・インキュベーターの紹介と，同センターで実施している中小企業および起業への支援策について述べる。

〈調査概要〉
インタビュー実施日時：2014年8月21日　9:30 – 11:30
面談者：ハノイ市中小企業支援センター所長　Ms. Pham Thi Minh Nghia
　　　　ハノイ市中小企業支援センター開発部長　Ms. Pham Thi Diem Ngoc
　　　　Hanoi Food Processing and Packaging Business Incubator Mr. Ho Sy Thuong
（日本語–ベトナム語　逐次通訳）
※最初にハノイ食品加工ビジネス・インキュベーターで説明および施設見学，

インタビューののち，ハノイ市中小企業支援センター事務室でインタビューを行った。

3-1 ハノイ食品加工ビジネス・インキュベーター（Hanoi Food Processing and Packaging Business Incubator）

3-1-1 設立経緯

2004年に欧州連合（EU）とベトナム政府の間で「ベトナム民間企業育成プログラム」の実施協定が提携された。このプログラムに基づき，EUから建設費用と当面の運転資金の支援を受け，2005年11月にハノイ食品加工ビジネス・インキュベーターが開設された。

食品加工に特化した理由は，ベトナムの中でハノイ市が最も食品関係の企業が多く立地しているためであり，食品加工および食品パッケージに関する事業を行う企業を対象に，新規創業および既存中小企業の事業拡大を支援するインキュベーターとして設立された。

EUとベトナム政府との間で提携し，ODAで2カ所のビジネス・インキュベーターが設置された。もう1つはホーチミン市にある。今後はハイフォン県，ダナン県にも設置する予定である。

本インキュベーターは，ハノイ市から成果を評価されているので，もう1カ所，機械・金属製造業のインキュベーターを作る予定である。機械・金属製造業は食品より広い工場が必要なので，本インキュベーターの面積の3倍の広さを計画している。

3-1-2 提供する設備とサービス

（設備）
- 敷地面積　10,000㎡，うち建物面積　4,000㎡
- 貸工場（10区画）　1区画の広さは100㎡～240㎡⇒現在は240㎡　8区画
- 製品の試作・開発用キッチン　5室（現在はリニューアル工事中）
- バイオラボラトリー　1室
- 化学ラボラトリー　1室
- 品質検査室　1室

・ドライ，ウェット，パッケージの試作プラント　3機
・事務室，交流室，会議室，事務機器

（サービス）
・受付サービス
・食品衛生管理用設備の貸し出し
・食品加工用一般設備の貸し出し
・経営管理用オフィスの貸し出し（シェアオフィス）
・ラボの使用
・貸し工場
・技術指導，経営指導およびトレーニング
・他企業とのネットワークづくり支援
・食品加工業界へのアクセス
・海外輸出への支援

（入居基準）
・食品加工および食品パッケージ分野での創業企業および若い企業
・高品質の革新的な事業アイデアを持つ企業
・ビジネスプランを持っていること
・起業家精神を持っていること

さらに
・実現可能性の高い事業計画を持っていること
・市場性のある製品やサービスの提案ができること
・ビジネスプランの提示
・競争力があること
・利益の確保が可能であること
・インキュベーターによる支援が必要であること
・支援を受ける意思があり，情報開示ができること

（運営）
　スタッフは全部で19人いる。所長1人のほか，入居企業の製品開発や製造工程，衛生管理などの支援を行う技術支援サービススタッフ，会計担当，入居企業の経営支援を行う経営管理担当が配置されている。そのほか施設運営担当として，受付，メンテナンス，保守，警備のスタッフがいる。

第6章 ベトナムにおける女性起業家の現状と支援

写真6-1 ハノイ食品加工ビジネス・インキュベーター

写真6-2 企業が入居する工場，作業所が入る建物の外観

写真6-3 製品開発，試作，テストを行うための設備

写真6-4　入居企業が開発した製品

　設立当初はEUからの支援を受けたが，その後はハノイ市が設備費，スタッフの給与を支出した。2010年以降，スタッフは自前で雇っている。
　入居者の利用料は，1年目3カ月は無料，4カ月目～9カ月目までは正規利用料の25％の金額，10か月目以降は50％の金額，1年半以降は100％（1日当たりの基準使用料30万VND［約1,500円］）の金額を徴収している。

3-1-3　これまでの成果
　2005年から2009年の間に14社が入居し，300人分の雇用を創出した。入居企業向けに34のトレーニングコースを運営し，延べ680人がコンサルティングとトレーニングを受講した。入居企業によって，水産加工品・缶詰，肉製品（ソーセージ，燻製品，ペーストなど），缶詰，ワイン，キャンディ，植物オイル，チリソース，ニンニクソース，ケーキ，菓子などが商品化された。
　支援メニューとして，6社の金融機関との提携を締結した。同時に，5コースの金融関連トレーニングコースを開設し，コストと価格，規制と銀行融資の手続き，財務と会計，財務管理と会計処理の向上，株式売買による資本の移動について教えている。
　関連団体の，ベトナム食品科学技術協会，ベトナム食品安全科学技術協会と提携し，入居企業への専門的な技術情報などの提供を行っている。
　また，アジア太平洋インキュベーション協会への参加，英国インキュベーター協会からの人材派遣により，新規事業や創業企業への支援ノウハウや有効な

支援プログラムについて情報収集を行っている。

2012年までの間に，累計30社が創業し，約700人の雇用を創出した。入居企業の経営者向けの教育訓練を66回，セミナーを14回開催している。こうしたセミナーや教育訓練は，大学や企業と連携して実施している。

これまでの入居企業のうち，成功した企業は，ヨーグルトクリームや果物のクリームを製造する企業，肉や魚の缶詰，生ハム，ウサギ肉の加工，ソーセージ，ワイン，子供用ミルク，子供用乾燥粥，植物オイル，輸出用冷凍果物，輸出用はちみつ，輸出用果物，野菜，飲料，ベトナムの伝統的ケーキ，菓子を製造する企業である。輸出用もあるが，主に国内市場向けの製品が多い。

3-1-4　今後の目標

中小企業の支援を充実させたい。財政面の問題や安全問題もあるので支援したい。入居企業が成功して卒業する場合，自立して経営してもらうため，周辺の土地を貸している。これまで2007年以降，10社くらい独立した。入居から独立までは，だいたい5〜7年かかる。

今後は，もっと土地や建物を拡大し，設備も増やしたい。

3-2　ハノイ市の中小企業・創業の現状と支援策

ハノイ市所管地域の中小企業数は約156,000社であり，全企業数の96％を中小企業が占める。業種構成は商業，サービス業が多い。平均的な企業規模は，資本金約50億VND（約2,500万円），従業員数は食品関係で10人くらい，機械工業で20〜30人くらいである。商業やサービス業は企業・業種によって異なり，だいたい10人以上200人くらいである。業種としては，商業やサービス業が多い。

一般的に中小企業が直面している経営上の課題は，まず資金調達，次に技術，3番目にマーケティング，次いで労働者の管理や勤務態度，ルールを守らせること，5番目に経営計画の策定である。経営計画を作らない経営者が多い。

ハノイ市における創業の状況であるが，新規創業は年間13,000〜14,000件である。2013年は減少したが，2014年は増加に転じており，前年度より6,000社増加した。

図表6-4　ベトナムの中小企業の定義

分野	零細 従業員数	小企業 資本金	小企業 従業員数	中企業 資本金	中企業 従業員数
農林水産業	10人以下	200億VND （約1億円）以下	10～200 人以下	200億～1,000億 VND（約5億円）以下	200～300 人以下
製造業および建設業	10人以下	200億VND （約1億円）以下	10～200 人以下	200億～1,000億 VND（約5億円）以下	200～300 人以下
卸・小売業およびサービス業	10人以下	100億VND （約5,000万円）以下	10～50人 以下	100億～500億VND （2.5億円）以下	50～100 人以下

注：2009年政令第56号による規定。

　創業の増減は国際経済問題に影響を受ける。今年は政府から中小企業向けの支援政策が実施され，融資の返済猶予等の策が講じられたため，創業が増加している。

　最近の創業者の事業分野は，エンターテインメント系や商業，教育，スパなどの美容関係が多い。創業者のバックグラウンドは，さまざまである。特にパターンがあるわけではない。開業資金の調達方法は，自己資金が中心であり，不足する場合は友人や家族から借りている。さらに必要があれば銀行融資を受ける。しかし，利息が高いので，銀行融資は返済が大変である。政府の創業支援策としては，助成金，利子補給，機械のリース料に対する補助金がある。またハノイ市からは，工場設立のための自己資金不足分を融資する制度がある。

　新規創業に占める女性経営者の割合や趨勢は不明であるが，最近は増加傾向にある。女性が開業する業種は，サービス業が多い。女性が創業する理由としては，政府や企業の偉い人との人脈があることや，家族の中で一番優秀で能力があるので，家業の社長になったというパターンが多い。

　女性経営者に特有の課題としては，経営面での知識不足があげられる。そのため，ベトナム国民経済大学で経営者向けのセミナーを開催してもらったり，個別のコンサルティング支援を行っている。また，ハノイ女性起業家協会で女性経営者向けのセミナーや交流会の開催，個別コンサルティングを行っているので，そちらにハノイ市から補助金を出している。特に女性専用のビジネス・インキュベーターは設置していない。

3-3 ハノイ女性起業家協会

　財団法人ハノイ女性起業家協会は，2008年3月に，既存の2団体（ハノイ女性起業家ネットワーク，ハノイビジネスウーマンクラブ）が合併して発足した。ハノイ女性起業家協会は，女性起業家の能力と競争力を高めることにより，女性起業家が幸福になり，人々から尊敬され，そして事業において成功することを目指している。女性起業家のCommon House（みんなの家，寄り合い所）である。

　協会の活動は，「個人，仕事，コミュニティ」の3つのコンセプトに沿って実施されている。「個人」は，フォーラムや交流会，娯楽の会など，ワーク・ライフ・バランスをとるための会合を運営することや，家庭責任との両立方法や女性特有の問題の解決方法，子供の教育に関することなどの経験を分かち合う活動が含まれる。「仕事」には，商道徳・商慣習や法的制度に関する情報の提供，銀行からの資金調達に関する情報の提供，コンサルティングやビジネススキルに関する訓練の実施，さまざまなビジネス，販売促進などビジネスモデルや経験の分かち合いのためのフォーラムの開催，メンバー同士や国レベルの他の組織，経済団体，国内外の団体との交流のための活動が含まれる。「コミュニティ」には，慈善活動，雇用創出と女性労働者への支援，企業の社会的責任（CSR）の促進，会員企業の従業員向け福利厚生事業が含まれる。

　ハノイ女性起業家協会は，会長および7人の副会長，17人の役員からなる役員会によって運営され，7つの部署（執行部，会員部，訓練部，コミュニティ部，渉外部，メディア部，社会貢献部）が組織されている。そのほか，会員が経営する企業の事業分野ごとに20グループが組織され，それぞれ勉強会や情報交換，市場開拓などを行っている。

　現在（2012年8月）のメンバーは200人であり，審査を経て入会が許可される。入会を希望する非公式メンバーは数千人もいる。非公式メンバーは，各種のイベントや講座に参加したうえで，会の趣旨に賛同した人だけに入会してもらうようにしている。会員資格は，まず起業家であることが前提で，申込書の提出によって書面審査される。資格要件は，①法人の副社長以上であること，②6カ月以上継続して経営していること，③会の定めた事業分野である。

　実績としては，数百回に及ぶ工業団地内の女性従業員向けのハードおよびソ

フトスキルに関する講座の開催，数十回の女性経営者向けの能力開発と経営スキルのための講座（会員，非会員向け），外国へのスタディツアーの実施（2012年6月には日本の展示会への参加や日本の女性経営者団体と交流），各種のイベントや交流会，慈善活動を行っている。

　同様の女性起業家協会は，ハノイのほか，ホーチミン市やダナン市，カントー市にもあり，こうした女性起業家や女性労働者の団体とも交流している。また，経済や女性向けの政策，市場の問題点，経営者が直面する課題などについて，政府の政策策定に対する提案もしている。

　ハノイ女性起業家協会会長のPham Thi Loanさんによれば，ベトナムにおける女性の起業の状況は，1986年のドイモイ政策，1990年代の開放経済と市場経済化，外資系企業の進出によって，企業経営自体はしやすくなってきた。1990年以前は国営企業がほとんどだったが，それ以降，民間企業が増えた。女性は外資系企業に就職し，資金を貯めて経験を生かして起業する人も出てきた。小規模な自営業は以前からあったが，規制緩和で法人設立が容易になっても，女性にとって法人設立は困難である。社会的にも男女平等が実現していないので，資産を持たず家事や育児の負担もある女性が起業するのは難しい。また，子供の世代は留学や大学進学などで経営理論を勉強しているが，親世代の女性は経営に関する教育の機会もなかったため，経営知識が不足している。

　こうした状況があり，1994年に政府の主導でハノイビジネスウーマンクラブが設立され，メンバーに政府の政策を徹底させるとともに，国と企業との懸け橋になった。まだ政府の政策や法令が十分整備されていないという課題があるとともに，女性起業家が直面している問題としては，①資金調達の困難性，②新市場の開拓，③会社の運営管理（特に生産管理の経験や知識不足）があげられる。今後は，こうした分野の教育訓練に力を入れていきたいが，実践的な教育訓練プログラムを企画運営してくれる大学が少ないことが悩みということで，日本の大学や企業との連携を希望していた。

3-4　小括

　ベトナムにおける起業と女性起業家の状況を概観すると，1990年代以降，民間企業の設立が可能になり，最近は規制緩和も行われて会社設立が容易になっ

たものの，資産を持たず，企業経営に関する専門知識が不足している女性にとって，まだ会社設立は簡単なことではないことがわかった。しかし，経済成長と市場の成熟化によって，教育やサービス業へのニーズが高まり，こうした分野で女性が新たな事業を興すチャンスは増大している。

　ただ，家業としての小規模な飲食業や小売業を営むことと，新たな事業を一から立ち上げ，人を雇い，企業として経営していくことは大きく異なる。また，社会主義国とはいえ，女性の社会的地位はまだ低く，性別役割分業も根強いため，女性は企業経営と家庭責任という二重の負担を負うことになる。

　今後は，こうした女性起業家の特徴，直面している課題を踏まえ，女性がより多く起業し，経営する企業を成長させることができるよう，政策的に支援していく必要がある。

4 女性起業家事例調査

　ここでは，経済の民主化が進んでいるベトナムにおいて，さまざまな事業分野において起業している女性の事例を調査することにより，職業経験に乏しい女性の起業における課題と必要な支援策について，日本に対する示唆を得ることとしたい。

〈事例1　HEIP HUNG〉
（調査概要）
　調査日：2012年8月14日
　調査対象：社長 NGHI 氏
（企業概要）
　業種：ベッドリネン縫製，刺繍　製造・輸出販売
　従業員数：グループ全体で約500人
　売上高：約100万USドル
　創業：1982年

(インタビュー概要)
● 創業経緯

NGHIさんは，1982年に夫と姑とともに自営業として繊維製品の生産を始めた。1992年に会社を設立し，2006年にはコンサルティング，ホテル，レストラン，物流などの事業を行う企業グループに拡大し，従業員はグループ全体で約500人にもなる。

NGHIさんが社長を務めるHEIP HUNG社は，主にベッドカバーや枕カバーなどのリネン製品を製造し，欧米向けに輸出している。

● 事業の特徴

訪問した工場では，ベッドリネンの縫製と刺繍を行っており，約30人の従業員が働いていた。ほとんど女性である。ほかに工業団地内にも工場を持っている。2003年からはハノイの南，100kmほど離れた地域で職業訓練プログラムを実施し，400人を下請けとして仕事を外注している。

刺繍のデザインは主に社長が考えるが，ヨーロッパのデザイナーとも意見交換して決めている。毎年，春夏と秋冬で新しいコレクションを発表している。多品種少量生産で，同じ模様の製品は99枚までしか生産しない。高品質・低価格も強みである。現在は，ベトナム国内での販売と欧米への輸出が半々であるが，以前は輸出がほとんどだった。

● 課題と今後の展開

NGHIさんは，ハノイ女性起業家協会の副会長を務めている。そのため，女性が経営する企業や中小企業への政策をもっと手厚くすべきと考えている。また，協会では輸出専業企業への助言も行っている。

自社の今後の事業展開としては，市場が育ってきた国内での販売を重視していくほか，日本市場にも進出したいと考えている。

第6章　ベトナムにおける女性起業家の現状と支援

〈事例2　DONG PHUONG COMMERCIAL JSC〉
(調査概要)
　調査日：2013年9月4日
　調査対象：会長TAM氏，社長HAI氏
(企業概要)
　業種：金属材料，プラスチック材料輸入販売，
　　　　ケーブル製造・販売
　従業員：35人
　売上高：年間2兆VND（約1億USドル）
　創業：1986年

TAM会長

(インタビュー概要)
●創業経緯
　会長のTAMさんが創業したのは，約27年前である。元々，リサイクル業が多く立地する村の出身で，家族経営の自営業で屑鉄集めから始めた。TAMさんが16歳の時から仕事を始めたが，すでに鉄の回収業者は大勢いたので，鉄以外の銅やアルミニウムの回収をすることにした。リサイクル業者には女性も多いが，銅やアルミニウムを扱う業者は自分だけだった。いろいろと困ったこともあったが，取引先の銅線メーカーの男性社長や冶金会社の男性社長が，メンターとして相談に乗ってくれて，経営についていろいろ教えてくれた。
　ドイモイ後，一人出資の会社の設立が可能になり，結局，家族以外からの出資も得て合弁会社を立ち上げた。現在の経営陣はすべて家族，親族だが，外国企業と取引するとき信用になるので，1997年に政府との合弁会社という形にしている。

●事業の特徴
　現在の事業内容は，主にケーブル，電線用の銅材の輸入販売，加工である。そのほか，アルミニウムの輸入販売，ケーブル用のプラスチック材料の輸入もしている。銅は1300t/月，アルミニウムは500t/月，プラスチックは600t/月輸入している。銅は韓国，スイス，ドイツのメーカーから，アルミニウムは日本の住友金属工業から，プラスチックはタイのメーカーから輸入している。

販売先は矢崎工業の関連会社であるケーブルメーカーCFTで，ドンナイに工場がある。製品はトヨタがベトナムで生産している自動車の部品に使われている。2002年から取引を開始し，売り上げが急増した。また，銅線を加工して導火線を製造し，ベトナム国防省にも納品している。売り上げの9割は金属材料の輸入販売で，1割は導火線の製造である。

　DONG社の強みは，在庫管理と品質管理にある。ベトナムではまだ物流システムが完備していないため，倉庫などに保管しておくと商品を盗まれたり入れ替えられたりすることがある。DONG社では，輸入した商品を港から直接，顧客の工場・倉庫に搬送しており，できるだけ在庫を抱えないように管理を徹底している。材料の引き渡しや在庫管理については，取引先のCFT社との取引で学んだ経験が役立っている。こうした強みが功を奏し，現在ではベトナム北部でケーブル用材料の70%のシェアを取っている。

　また社内組織の運営においても，人材管理と効率的な経営管理を実行している。同社では，35人の従業員を製造，輸入，経営・商品納入，経理，金融の5つの部署に分け，各部署の管理者に5年，10年の経営計画を立てさせ，達成について管理者に責任を持たせている。管理の内容は，計画管理，進捗管理，リスク管理である。また顧客との協力により，仕事量も計画的に管理し，少人数で運営できるようにしている。

● 課題と今後の展開

　会長のTAMさんは，学校での勉強はあまりしていないが，必要な知識は経営する中で学んできたという。また，取引先の日本企業から教わったことも多い。さらに将来は加工した材料を海外に輸出することも考えている。このような状況において，TAM会長は10年前から最近5，6年前まで，ベトナム国民経済大学のビジネススクールの授業を受講し，経営知識を習得し，経営に生かしている。

　また現在直面している課題は事業承継である。3人の子供に承継させたいと考え，長男は5年間，イギリスに留学させたのち，社長に就かせている。2番目の子もイギリスに留学中で，マネジメントを勉強している。

〈事例3　BEAUTY & SCIENCE〉
（調査概要）
　調査日：2013年9月6日
　調査対象：社長HA氏
（企業概要）
　業種：ヘアサロン向けヘアケア製品輸入販売
　従業員数：40人
　資本金：10万ユーロ（うち25％は外資）
　創業：2006年（事業承継）

（インタビュー概要）
●創業経緯
　社長のHAさんは，厳密に言えば新規創業したのではなく，事業承継である。HAさんは，現職に就く前，4年間スロバキアに滞在し，帰国後，靴の輸出をしている国営企業で在庫管理や売上管理などを担当していた。スロバキアに住んでいる親戚が衣類を扱う会社を経営していて，親戚の紹介でイタリアのヘアケア製品メーカーであるBES社の商品をベトナムで販売する事業に参画することになった。BES社は初めスロバキアに進出していたが，失敗したため，親戚の勧めによりベトナムで販売することになった。
　HAさんは最初の1年間は株主としてかかわっていたが，事業が赤字になり，経営立て直しのために2006年に社長に就任した。事業承継といってもオフィスや倉庫の取得も自分で行い，スタッフも自分で雇ったので，ほとんど一からの起業と同様であった。

●事業の特徴
　ベトナム人女性はヘアケアに対する関心が薄かったが，最近は意識変化して都市部ではヘアサロンも増加している。化粧品は靴と違って並べておけば売れるというものではなく，ファッション知識を消費者に知ってもらうため，独自の経営戦略を取った。BES社の製品は品質は良いが，売り方に工夫が必要である。同業者も少ないので経営を学ぶ機会がない。そこでベトナム国民経済大学のビジネススクールに通い，経営戦略やマーケティングを学んだ。

HAさんはヘアケア製品の使い方を知ってもらうために，高級ホテルで製品を紹介するショーを開催し，知名度を上げた。またイタリアから専門家を招聘し，消費者にヘアケア製品の使い方を紹介した。また販路は，シャンプーなど簡単に使えるものを除き，ヘアサロンを通じて販売することにした。そこでまず美容師にショーに出てもらって製品の使い方を知ってもらい，またイタリアや香港，上海などに招待して，ヘアスタイルやヘアサロンの運営について勉強する機会を提供し，サポートしている。専門知識がないと製品の良さや使い方が伝わらないので，美容師に対するプロモーションに力を入れている。

　会社の組織は，HAさんが経営するBES Vietnamという商社を通じてイタリアから製品を輸入し，BEAUTY & SCIENCE社で販売している。同社はBESのベトナムにおける総代理店となっており，北部の代理店をHAさんが経営し，南の代理店はパートナーが経営している。南部は大きな市場だが，消費者の動向が違うので任せている。

●課題と今後の展開

　会社の経営で重要なことは，ファイナンスと資金調達である。ヘアサロンからの支払いは現金であるが，だいたい1～2ヵ月後に入金される。特に創業時は銀行からの借り入れが難しい。家族や自分に信用がないと借りられない。

　経営に関する知識は，在庫管理や売上管理などの数値把握は国営企業勤務時代に学んだが，セールスやマーケティングに関する知識は，国や市の補助を受けて訓練講座に通ったり，自費でイタリア，オランダ，ドイツなどに行って学んだ。

　今後は，日本でも販売したいと考えている。日本を訪問して東京のヘアサロンをいくつか見学したが，ヘアケア製品の在庫が非常に少なくて驚いたそうだ（日本は物流が発達しているので，発注から納品までの期間が短く，店頭にあまり在庫を持たない）。

第 6 章　ベトナムにおける女性起業家の現状と支援

〈事例 4　PHU THINH〉
(調査概要)
　調査日：2013 年 9 月 6 日
　調査対象：社長 PHU さん
(企業概要)
　業種：水道管用バルブ，継手の製造
　従業員数：約 30 人
　創業：1991 年

(インタビュー概要)
●創業経緯
　PHU さんは，女性では珍しく，工業製品を製造する工場の社長である。PHU さんは夫とともに，水道管やバルブを製造・販売する国営企業に勤務していた。経済自由化とともに民間企業の設立が可能になり，夫，同僚の技術者とともに 3 人で独立して水道管やバルブを販売する会社を起業した。

　当時は，物流に問題があり，資金があっても製品が入手できない状態だった。PHU さんは妊娠中であったにもかかわらず，朝から晩まで働いた。起業から 13 年後，2004 年に自社で製品を製造する工場を建て，製造会社社長に就任した。工場建設のための資金はほとんど自己資金であった。

　新設の工業団地で最初に建てた工場だった。翌年から工員を採用したが，近隣の農家の人が応募してきたので，掃除の仕方から製造知識まで，すべて自社で研修を行った。

　PHU さんの最終学歴は高校卒で，経理の知識もなかった。そこで，2008 年から，夫と一緒にベトナム国民経済大学のエクステンションセンターの講座やベトナム商工会議所の研修に通った。特に，ホーチミン市や中国，日本を訪問し，大規模な工場の見学や近代的な技術を導入している中小企業の視察を行い，自

社工場の経営の参考にした。また，2010年9月には，JICAのプログラムで横浜で開催されたDevelopment Management Skills for Vietnamese Enterprisesという研修会に参加した。経営の勉強は，自分のためというより，親戚やスタッフ，工員のためと思って行っている。

● 事業の特徴

　ベトナムでは，製造業における女性社長は珍しくはないが，かといって多くもない。女性が社長を務める会社は，特徴ある製品を作っているそうだ。PHU THINH社のバルブや継ぎ手は，強い薬品でも浸食されないため，化学工場の液体搬送プラントに使用されている。このような高い品質により，国の管理署や消費者団体からも高い評価を得ている。

　また，新製品開発は，販売部門の会社を経営し，ユーザーニーズを理解しているPHUさんの夫が担当している。中小企業なので，できるだけ経費は節約し，外注はしない。

● 課題と今後の展開

　PHU THINH社は最近，日本の愛知時計電機株式会社と契約を結んだ。契約に基づくフェーズ1では，バルブを共同生産してベトナム市場で販売する。販売先はベトナムの水処理会社などである。フェーズ2では，愛知時計電機が製造機械をベトナムに持ち込み，ベトナムで製品を製造する。フェーズ3では，製造技術，生産管理を含め，PHU THINH社に技術移転を行う。

　愛知時計電機にとっては，ベトナム市場への進出の足掛かりとなり，販売チャネルを持っているPHU THINH社との提携はメリットがある。日本企業は技術面など綿密に調査したうえで契約を結んでいる。今後は，愛知時計電機以外の日本企業とも提携したいと考えている。

5 まとめとインプリケーション

　ベトナム経済は，外国企業の工場や大型店舗の進出によって，急速に発展している。道路や物流施設，システムなどのインフラストラクチャーの整備が追

い付かない面はあるが，政府は外資工場に部品や材料を供給するサポーティングインダストリーの育成に力を入れている。一方，経済成長によって人件費も上昇し，国民の消費意欲も高く，新たな製品やサービスへのニーズも高まっている。

このように起業機会に恵まれているベトナムであるが，産業資金の不足と融資の利率の高さから，中小企業が積極的な投資を行うことは困難である。1990年代以降，民間企業の設立が認められ，最近は規制緩和で企業の設立が容易になったとはいえ，こうした資金調達の困難性は，起業の裾野を広げるためにはマイナスである。

ベトナムの女性起業家は，資本主義経済への移行以前から，家族経営の自営業の中で経営を担う人は珍しくなかった。また社会主義時代に国営企業に勤務していた人も多く，専門知識やある程度の経営知識を身に付けた人もいる。しかし，新たな市場ニーズを捉え，起業して会社を設立しようとすると，女性は専門知識不足や資金調達難という壁にぶつかる。元々，教育機会も男性より少なく，また高額の資産も持っていない女性は，家族や自分自身に信用（経営者としての経験など）がないと，銀行からの借り入れを得ることは難しい。

さらに，日本よりも強い性別役割分業観が残っており，女性経営者は仕事と家庭責任の両方を背負っている。

こうした状況に置かれている女性起業家は，ハノイ女性起業家協会のような団体を設立し，自ら経営に関する教育訓練の機会を作り，販路拡大や経営戦略について情報交換し，必要な支援策について政府に意見具申を行い，経営環境の整備に努めている。

ベトナム女性起業家の経営活動は，日本の女性起業家にも参考になるところが多い。日本の女性起業家は，小規模な事業から始める人が多いが，市場ニーズに合致した製品・サービスを提供すると，事業が急成長することがある。そうなると，資金調達，組織運営，そして経営管理において，専門的な知識が必要になる。家族以外の従業員も増えるため，人材育成や権限移譲を行い，かつ，計画を立てて目標達成できるよう管理することが重要になる。経営戦略も，知っておいて損はない知識である。これらを急に勉強するよりも，さまざまな経営セミナーや勉強会に参加したり，先輩経営者やコンサルタント等から教わることによって，あらかじめ勉強しておくことが肝要である。

そしてもう1つ参考になることが，他社との差別化や前例のない方法へのチャレンジを行う姿勢である。成長途上の市場にあっては，市場ニーズに合えば，特に革新的でなくとも売り上げを上げることは容易である。しかし，既存企業の多い業界に参入する場合，あるいは同業他社のいない新しい市場を開拓する場合，いずれにおいても独自性を構築し，他社の追随を許さない確固たる業界内の地位を築くためには，他社がやっていない経営戦略，販路開拓，販売促進，製品開発などを実践することが必要である。こうしたチャレンジ精神は，見習うべきである。

　最後に，女性にとって仕事と家庭責任との両立は，ベトナムでも日本でも同様の課題であったという点は興味深い。待機児童が多いとはいえ，日本のほうが保育所等，女性の社会進出への支援は充実していると思われる。今後，ベトナムにおいて女性起業家のワーク・ライフ・バランスの実現のため，どのような対応策がとられるのか，注視していきたいと思う。

[参考文献]

General Statistics Office (Viet Nam) (2005) "Vietnam Gender Statistics in the Early Years of 21st Century".
General Statistics Office (Viet Nam) (2010) "Labor Force Survey 2009".
General Statistics Office (Viet Nam) (2011) "Labor Force Survey 2010".
General Statistics Office (Viet Nam) (2012) "Labor Force Survey 2011".
General Statistics Office (Viet Nam) (2013) "Labor Force Survey 2012".
General Statistics Office (Viet Nam) (2014) "Labor Force Survey 2013".
General Statistics Office (Viet Nam) (2015) "Labor Force Survey 2014".
Hanoi Association for Entrepreneur Women (2012) Meeting Handout Document.
International Labor Organization (ILO) Vietnam (2009) "Vietnam Employment Trend 2009".
International Labor Organization (ILO) (2011) "Creation of an Enabling Environment for Women Entrepreneur in Vietnam".
The World Bank (2006) "Vietnam Country Gender Assessment".
The Vietnam Women Entrepreneur Council (VWEC) (2007) "Women's Entrepreneurship Development in Vietnam".
United Nations Industrial Development Organization (UNIDO) Vietnam (2010) "Gender Related Obstacles to Vietnamese Women Entrepreneurs (Technical Report)".
Vietnam Chamber of Commerce and Industry (2010) "SME Annual Report 2010."

資料：研究交流活動報告

2013年におけるベトナム企業の
ビジネス環境と課題

ベトナム国民経済大学准教授・ビジネススクール院長　Tran Thi Van Hoa
ダナン経済大学専任講師　チン・トウイ・フン〈訳〉

　2013年のベトナム経済を概観すると，「明るい色」と「暗い色」が混ざっており，そのうち，「暗い色」はすべての主要領域において存在する。いくつかポジティブと捉えられている成果には，品質，効率性および持続性の要因が含まれている。2013年を迎えるに当たり，ポジティブな変化があるとの楽観的な予想はある一方，2013年は2012年より状況が悪化するとする懸念もある。本稿では，大きく複雑な課題が多くある中で，2012年の経済状況を概観的に評価し2013年にベトナム企業が直面するであろう課題について検討する。

1 経済成長

　ベトナムの国内外で望ましくない変化が投資状況や企業の活動に悪影響を与えている状況において，ベトナム政府および各業界は，2012年度社会経済発展計画を実現するために，複数の課題を克服するよう多くの取り組みをしてきた。2012年の最初の数ヶ月には，購買力の低下と在庫の増加が企業の課題として顕著に現れた。その結果，2012年第一四半期の経済成長率は，前年同期より低かった。そのような状況を受けて，ベトナム政府は，経済の諸問題の解決と市場の支援のために，13／2012／NQ-CP号の議決を行なった。その結果，2012年の第二四半期は，経済成長率が2010年の同期と比べれば著しく低く，2011年の同期よりも低いものの，第一四半期よりは改善されていた。全体的には，2012年全体の経済成長率は低いレベルになった。

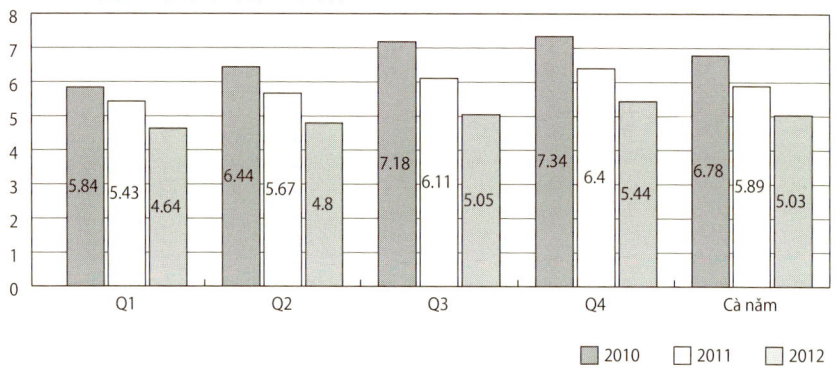

図1
2010〜2012のGDP 成長率（四半期ごとと年次）

	2010	2011	2012
Q1	5.84	5.43	4.64
Q2	6.44	5.67	4.8
Q3	7.18	6.11	5.05
Q4	7.34	6.4	5.44
Cả năm	6.78	5.89	5.03

出典：ベトナム統計局

　2012年では，1994年との相対価格でみると，GDPは631,884billionVNDで前年度より5.03％増と達しており，その内訳は，農林漁業が97,321billionVNDで272％増，GDP成長への寄与率0.44％，工業建設業は255,165billionVNDで4.52％増，寄与率1.89％，サービス業は261,488billionVNDで6.42％，寄与率2.7％となっている。

　2012年は，すべての経済部門において前年度比の成長率が2011年より悪化した。サービス業は，低い低下（6.42％対6.99％）で済んでいるが，農林漁業は2.72％対4.0％で，工業建設業は4.52％対5.53％と低い成長率しか達成していない。工業建設業は，GDPの40％をも構成しており，全体の経済成長の「機関車」や「牽引力」としてみられている。この産業の成長の低迷こそ，ベトナム経済全体の成長の低迷の主な原因と考えられた。工業部門においても，加工産業（部品産業）は部門全体の付加価値の71％を生んでいるが，その成長率は部門全体の成長率より低く（3.5％対5.18％），多くの課題を抱えている。建設業も2.09の成長率で，同様な状況であった。マクロ経済が不安定で購買力が低下している背景には，企業側には商品が売れず，在庫高が上昇していること，銀行には不良債権が発生していることが挙げられる。こうした状況は，マクロ経済の不安定と経済成長率の低下に起因している。2012年には，およそ50,000社が活動を停止か倒産した。2011〜2012年の2年間では，およそ100,000社が活動を停止か倒産し，ここ20年間の倒産企業数の50％も占めている。

資料：研究交流活動報告

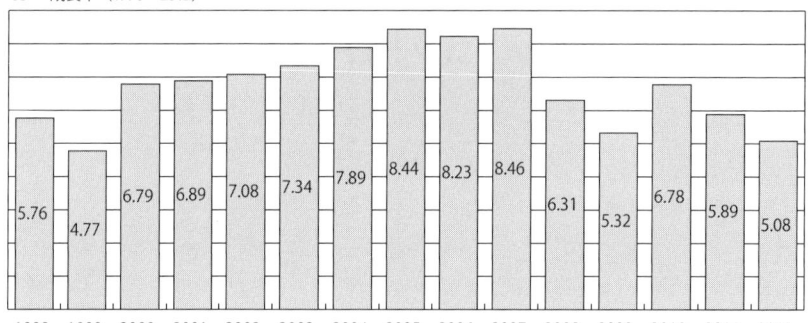

表1
ベトナムのGDP

	2011	2012	2012／2011（％）
Total 全体	584.496	613.884	105.03
Agriculture, forestry and fishery sectors 農林漁業部門	94.657	97.231	102.72
Industry and construction sectors 工業・建設業部門	244.123	255.165	104.52
Service sector サービス業部門	245.716	261.488	106.42

出典：ベトナム統計局

図2
GDP 成長率（1998〜2012）

年	成長率
1998	5.76
1999	4.77
2000	6.79
2001	6.89
2002	7.08
2003	7.34
2004	7.89
2005	8.44
2006	8.23
2007	8.46
2008	6.31
2009	5.32
2010	6.78
2011	5.89
2012	5.08

出典：ベトナム統計局

　2012年のGDP伸び率は5.03％となったが，目標（6％—6.5％）より低かった。それだけではなく，この13年間で最も低い率でもあった。この低い伸び率は，2011〜2015年の5カ年計画および2011〜2020年の社会経済発展戦略の実現に間違いなく影響を及ぼしている。

　国内外で望ましくない変化がある中で，2012年の低い成長率をポジティブに捉える意見もある。この程度の成長率は，成長モデルの変換，つまりGDP成長率（1998〜2012）効率性と質を重視する方向で経済改革を進めるというプロセスの始まりで「沈黙の点」としてみれば，「妥当」なものであった。しかし，2012年ではこのプロセスがまだ準備の段階であり，多くの視点から議論する余地のある問題であった。ミクロ経済の運営では，多くの緊急課題の解決に一時的な処置をとらざるを得ず，とくに，不良債権と異常な過剰在庫の問題に対してはそうであった。ベトナムの経済発展は，長い間，投資資本の量的な増加に大きく依存してきたが，その投資は単純な労働と天然資源を利用しようとする

ものであった。また，企業側の資本も銀行からの借り入れに大きく依存してきた。2012年で対GDPの社会投資が低下したのは，政府が公共投資と銀行の金利を抑制するための一連の緊縮政策を適用してきた結果である。しかし，貸出金利が減少されたにもかかわらず，多くの企業は銀行の貸出を利用できずにいる。成長モデルと経済改革に明確な方針を導き出さずにいることは，経済成長の低迷を招く重要な要因である。

2 インフレーション・コントロール

　CPIを10％以下に抑えることは，2012年のミクロ経済の運営において最大の重要課題であった。実際は，2012年の月次CPIは低く抑えられ，年間のCPIが6.81％と低い水準になった（2011年は18.13％，2010年は11.75％）。

　過去においては，CPIのサイクルはつぎのようなものであった。すなわち，年始の2ヶ月と年末の2ヶ月では高いがその間の月々では低いというものである。2012年は，最初の2ヶ月にはCPIがわずかな増加をしたが，年の中頃の数ヶ月には劇的に低下し，年末の数ヶ月には急激に増加した。

　2012年では，「薬・医療サービス」と「教育」が最も物価の上昇が高い必需品の品目であった。2011年12月と比べれば，「薬・医療サービス」の価格指数は45.23％上昇し，そのうち「医療サービス」だけとれば63.58％の上昇であった。

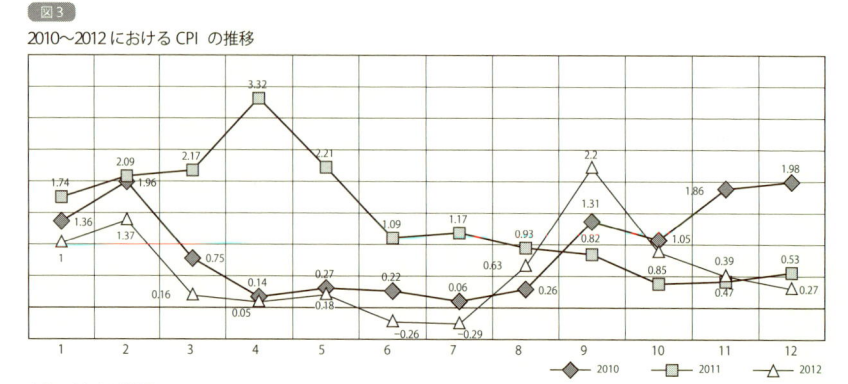

図3
2010～2012におけるCPIの推移

出典：ベトナム統計局

資料：研究交流活動報告

図4
2005〜2012年におけるCPIの「2年高い，1年低い」変動

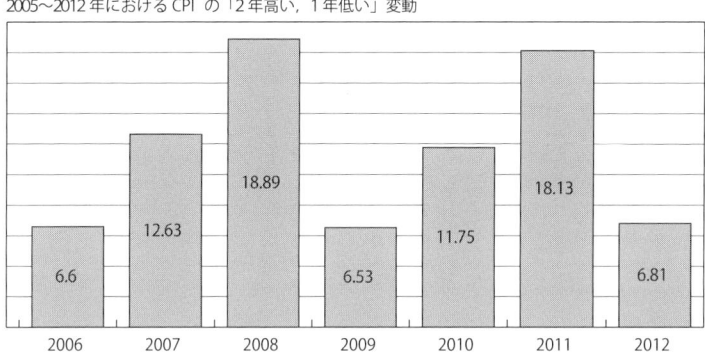

年	値
2006	6.6
2007	12.63
2008	18.89
2009	6.53
2010	11.75
2011	18.13
2012	6.81

出典：ベトナム統計局

「教育」は16.97％上昇し，そのうち「教育サービス」だけとれば18.97％の上昇であった。政府がこれら2つのグループの品目に値上げを実施すると決定したのは，長い間にわたりこれらの品目の物価が低く抑えられてきており，その低い水準は企業のコストを補いサービスの質を改善するのに不十分であるという現実に基づいたものであった。これらの2グループの物価調整は，2012年8月に同時に実施されたのが同年9月のCPIの急上昇につながった。薬の物価の問題を通して，ベトナム政府がこの重要な市場をコントロールすることができなかったように思われる。医療と教育は，社会のすべての人々，特に貧困者に影響を及ぼす領域である。

　2012年のCPI変動におけるもう1つの特筆すべき点は，「飲食店・食品サービス」であった。過去においては，このグループの物価指数は最も高かった。例えば，2011年12月では2010年12月と比べれば24.8％上昇し，そのうち「食糧」が18.98％，「食品」が27.38％上昇していた。2012年では，「食糧」が5.66％減少，「食品」が0.95％上昇した結果，「飲食店・食品サービス」グループ全体の物価上昇率はわずか1.01％であった。このわずかな上昇率は，ポジティブな兆しとしてみることができる。なぜなら，ベトナム国民の主要な支出は，これらの必需品のためであるからである。一方，70％の国民が農業に頼っているという別の側面からみると，「食糧と食品」のわずかな物価上昇は，間接的に，農村部の人口の収入が減少したということを示している。目標との比較でみれば，CPIを6.8％に抑制できたことは，ポジティブな結果と言える。このインフレーショ

ン抑制の功績は，政府支出の抑制強化，公共投資の縮小，厳格な金融信用政策（11／2011／NQ-CPと13／2012／NQ-CPの政府決議）など複数の手段が成功に実施された結果の一部である。ところが，この「ポジティブ」な功績には，購買力の低下，在庫の増加，銀行貸出の減少などいくつかの懸念がある。このことは，ベトナムが主導的にインフレを抑制するための強い基盤を構築することができなかったという意味もある。近年実施されたインフレ抑制政策は短期的なものであり，経済改革や成長モデルの変換，ミクロ経済の安定化などの基本的な政策は，まだ効果的に実施されていない。

ここ数年のベトナムのCPIの推移をみると，2007年から起きている「高いインフレ率が2年続いたあと1年は低いインフレ率になる」という悪循環に巻き込まれうるとエコノミストらの間で見られている。つまり，2013年では，市場の需要を刺激するために実施される財政金融の緩和政策を厳しいコントロールをしない限り，高いインフレ率が現実になりそうである。

3 輸出入状況と貿易赤字

3-1　輸出の概況

伝統的な市場であるEU，アメリカ，日本などで多くの望ましくない変化が起きたにもかかわらず，2012年の輸出は，1146億USドルで前年度比18.3％増と，目標より大きく伸びた。しかし，2012年の輸出の伸びは，FDI部門の伸びに大きく依存した。FDI部門の輸出の伸び率が31.2％で輸出全体の63.07％を占めている（2011年度は，43.13％）のに対して，国内企業部門は1.3％増で36.93％しか占めない（同43.13％）。全体の輸出伸び率18.3％において，FDI部門の寄与率は17.7％で，国内部門は0.6％しか貢献しない。

2011年と比べれば2012年の輸出構造には多くの特定な変化が見られた。重工業の製品と鉱物の輸出が51.7billion USドルで49.9％増加し，全体の45.1％（2011年度は35.6％）を構成している。軽工業の製品と手芸品は，39billion USドルで（2011年と同額）全体の34.1％（2011年では40.3％）を構成している。農林業は，17.7billion USドルで18％増加し全体の構成率は15.4％（2011年度と同様）

資料：研究交流活動報告

表2
2011～2012における輸出（10億USD, %）

Target	2011 Value (billion USD)	Density (%)	2012 Value (billion USD)	Density (%)	2012／2011 (%)
Total 全体	96,905	100.00	114,631	100.00	118.3
Domestic economic sector 国内企業部門	41,791	43.13	42,333	36.93	101.3
FDI sector (including crude oil) FDI部門（原油業含む）	55,114	56.87	72,298	63.07	131.2

出典：ベトナム統計局

表3
2011～2012における輸入（10億USD, %）

Target	2011 Value (US$ billion)	Density (%)	2012 Value (US$ billion)	Density (%)	2012／2011 (%)
Total 全体	106,750	100.00	114,347	100.00	107.1
Domestic economic sector 国内企業部門	57,913	54.30	54,009	47.24	93.3
FDI sector FDI部門	48,837	45.70	60,338	52.76	123.5

出典：ベトナム統計局

となっている。漁業は，6.2billion USドルで2011年ど同額で全体の構成率5.4%（2011年は6.3%）となっている。

輸出の市場でみれば，EUが最も大きな消費市場でベトナムからの輸出は20.3billion USドルで伸び率が22.5%で，全体の輸出への寄与率が17.7%となっている。同様に，アメリカは19.6billion USドル，15.6%，17.1%；ASEANは17.3billion USドル，27.3%，15.1%；日本は，13.1bil-lionUSドル，21.4%，11.4%；中国は12.2billion USドル，10%，10.7%となっている。

3-2 輸入の概況

2012年の輸入伸び率7.1%は，2009年を除けば，2002年以降，最も低い伸び率である。国内部門の輸入は，54billion USドルで6.7%減少しているが，FDI部門は，60.3billion USドルで23.5%増加している。

2012年の輸入の構造は2011年と異なる。生産の機械設備が106.5billion USドルで全体の構成率93.2%（2011年は90.6%），原材料や燃料は56.3%（2011年は61.6%），消費財は7.8billionUSドルで6.8%（2011年は7.6%）となっている。

輸入先でみると，中国は最も大きな取引先で中国からの輸入額は28.9billion

USドル，2011年度比17.6％増で，全体への構成率は25.3％となっている。同様に，ASEANからは，輸入額21billionUSドル，0.3％増，構成率18.3％；韓国からは，15.6billionUSドル，18.4％増，構成率13.6％；日本からは，11.7billion USドル，12.2％増，構成率10.2％；EUからは8.8billion USドル，13.3％増，構成率7.7％；アメリカからは，4.7billion USドル，4.7％増，構成率4.1％となっている。

3-3　貿易残高の概況

　2012年は，ベトナムは248million USドルの貿易黒字を記録した。これは，2012年の第四四半期において同年の貿易赤字が1 billion USドルになるだろうと予測されただけに，「驚くべき」結果であった。この結果は，1993年以降ベトナムが初めて深刻な貿易赤字から抜け出したことから，ベトナムの2012年経済における「明るい部分」として受け止めることができよう。しかし，ベトナムの輸出入と貿易赤字を分析してみると，この「明るい部分」をカバーするほどの「暗い部分」も存在することが明らかになる。

　2012年の輸出は，FDI部門で大きく増加しているのに対して国内部門ではわずかな増加しか達成していない（国内の1.3％対FDIの31.2％）。FDI部門での高い伸び率は，電話とその部品，電子製品，パソコンと周辺部品，紡績製品と履物の輸出によるものだった。2012年は，2011年度と比べれば，電話とその部品の輸出が12.6billionUSドルで97.7％増加し，電子製品とパソコンは7.9billion US

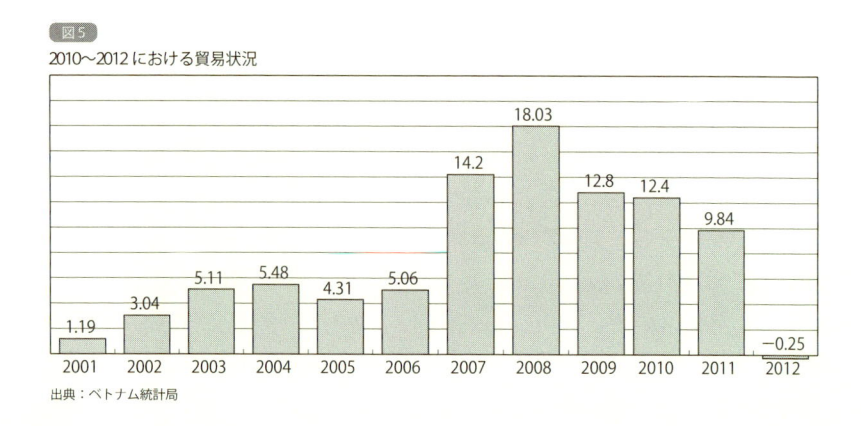

図5
2010～2012における貿易状況

年	値
2001	1.19
2002	3.04
2003	5.11
2004	5.48
2005	4.31
2006	5.06
2007	14.2
2008	18.03
2009	12.8
2010	12.4
2011	9.84
2012	−0.25

出典：ベトナム統計局

資料：研究交流活動報告

ドルで69.1％増加している。これらの製品は，低い付加価値と低い外貨収入の単純な労働を活用するアウトソーシング契約のもとで製造されたものである。

　2012年では，国内部門の輸入が2011年の93.3％しかないのに対して，FDI部門の輸入は25.5％増加している。国内部門の輸入の減少は，企業の事業活動の停滞や減少を反映したものである。反対に，FDI部門の輸入増は，主にアウトソーシングによる輸出品の増加にも見られるように，電子部品，パソコンと周辺部品（13.1billionUSドルで2011年比では68.8％増），電話と付属部品（4.97billionUSドルで同82.9％増）が最も高い率を占めている。

　貿易黒字の構造に対する懸念はある。FDI部門が12billion USドル近くの黒字を持っているのに対して国内部門は11.7billionUSドルの赤字を抱えてしまった。別の言い方をすれば，貿易黒字はFDI部門であった。このことは，国内企業が技術力や経営力における自分の固有な問題を克服しきれておらず，グローバルの生産流通のネットワークにはまだ完全な参加ができずにいるということを示している。これは，ベトナムの輸出が長い間天然資源の開拓と単純な労働に大きく依存してきた実状を明らかにした。

4 ベトナム企業が直面する未解決の諸問題：不良債権と過剰在庫

　2012年は困難と課題が溢れる一年であった。長期的な成長を妨げる3つの要因である経済制度，労働力の質とインフラ整備のほかに，2012年には，不良債権の増加と在庫指数の増加が経済回復と短期的成長を妨げる2つの要因となった。銀行は余剰資金がありその資金を企業に貸し出したいのに，企業側は資金が欲しいが品物が売れないため過去の借り入れの返済ができず，銀行の新たな貸出に手が出せない，という矛盾がある。資本の流れと商品の流れは国家の経済システムの循環を作るものである。銀行の不良債権と企業の過剰な在庫，特に不動産の在庫は，経済システムの健全な循環を妨げる2つの要因と考えられている。

4-1　銀行の不良債権の概況

　2011年の後半から信用機関での不良債権が急増してきた。中央銀行の調査結果によれば，ベトナムの貸出の8.82%（250billion USドル相当）が不良債権で，資産で担保された債務が73%を占めている。銀行の不良債権の全体像においては，元金を失っている債務のグループはかなり多いと考えられる。

　不良債権の増加を招いた原因には外部のものと内在的なものがある。主な内在的な原因は，信用機関の脆弱な業務運営能力である。ここ数年，信用機関は企業の活動を維持するために貸出を増加し貸出の伸び率に圧力を加えた。多くの信用機関では，高い貸出伸び率を実現したものの，リスクマネジメント能力と債務監督能力が不十分であった。中央銀行の視察とモニタリング能力も，不十分であった。貸出活用における違反やリスク，とくにリスキーな諸分野での貸出の担保限度や過度な投資に関する違反などを見極めて，防止し，そして対処する能力は，低かった。

4-2　（企業の）在庫の概況

　過去と比べれば，工業製品と不動産の在庫指数は，高い水準にあがっている。工業製品の在庫高は，2012年3月にピーク（前年同期比では34.9%増）を達し，その次の月々は次第に低下する傾向ではあったが，やはり高い水準のままであった。2012年12月1日現在では，製造業と部品製造業の在庫指数が，2011年の同期比で20.1%上昇した。在庫指数の高い産業は，次のようである。自動車76.6%増，電気ケーブルと電気ワイヤー56.8%増，ビール44.5%増，タバコ42.2%増，紡績や衣類41.5%増，肥料と窒素複合体40.8%増，セメント30.6%増，水産加工品28.6%増，化粧品・石鹸・清掃薬品24.7%増となった。

　不動産市場の凍結された状況は，不動産商品の在庫増を生み出した。2012年8月31日現在の44の県および都市での非公式な統計結果によると，アパート在庫高は16,469戸（うち，ハノイでは5,176戸，ホーチミンでは10,108戸）で，低価格の住宅が5,176戸，住宅建築用土地は1,624,878平方メートル，ビジネス用オフィス25,870平方メートルとなっている。工事が未完成の物件や資金不足により工事が中止となっている物件を除けば，不動産商品の在庫残

高は，およそ40,750bil-lion VNDと予測されている。中央銀行によれば，2012年8月31日現在不動産商品の残高は203,000billion VNDで，そのうち不良債権が6.6％を占めている。

企業の在庫が増えていることは，経済の不景気と消費者の購買力の低下を反映したものである。産業と企業の関係において，こうした高い在庫指数はほかの商品の在庫指数をも高くし，企業（のビジネス状況）だけではなく，（銀行の）不良債権の増加，ミクロ経済の不安定，雇用，労働者の収入などにも悪影響を与えている。

5 2012年における政府の企業への困難克服支援政策

2012年11月8日に，国会は2013年度の社会経済発展計画案を承認した。その計画案では，「マクロ経済を安定させ，インフレーションをコントロールし，困難を克服し企業の活動を活性化させる」ことが重要な課題と位置づけられた。経済的諸目標はつぎのように定められている。GDP伸び率は5.5％，輸出伸び率は10％，貿易赤字は輸出の8％以内，財政支出の超過率はGDPの4.8％以内に，CPIは8％とされ，GDP伸び率以外は，2012年の実績より低く設定されている。

国会の指導のもとで，同年12月26～27日の両日に，政府は各地方の政権と会議を開き，2013年度の社会経済発展計画と予算案の実施について議論した。この会議で，在庫高と不良債権の改善策を中心に議論した。この会議に先立って，首相は不動産の在庫が多いハノイとホーチミン市の幹部らと，これらの都市での不動産市場の課題を解決するための方策を練りだすよう議論をしてきた。これらの解決策は，中央政府，地方政権，企業側と専門家らにより提示されたもので，つぎのようにまとめられる。

5-1　過剰在庫の問題に対する解決策

国内の需要を拡大する：生産と消費を活性化するために金融を緩和する。経済の金融バランスを増加させる。最低賃金を上昇させる。

企業の市場拡大への支援：国内市場と海外市場を拡大するための諸政策を同

時実施する。

　企業が商品の値下げと販売促進が可能となるよう製造費用の削減支援と好条件の提供を実施：インフレ率の減少と互換性を持つ貸出金利を下げ，業績の良い企業に対して負債を免除するか，銀行の貸出が利用できるよう保証する。農業や農村地帯向けの貸出限度を拡大し，農民に無担保貸付を認める。

5-2　不動産の過剰在庫への対策

　住宅購入のための貸出限度を緩和し，金融機関が住宅開発業者と協力し消費者に対する長期的ローンの開発を進めるよう促進する。各省庁や都市の政権は，資金を捻出したうえで住宅を購入し都市開発用の移住用住宅や福祉住宅や学生寮などに活用する。

　承認された建設プロジェクトを見直して，中止すべきもの，実施を続けるべきもの，構造的な調整が必要なものを分類する。計画との互換性が確保できるようマンションの分割販売を許可し，消費者の需要と支払い能力に合致できる程度まで販売価格の値下げを促す。

　外国投資の誘致を強化し，事務所やレンタルマンションの需要の創出に取り組む。ベトナムで長期的ビジネス活動をする外国人に対する住宅政策を見直す。

　不動産市場に対する政府の監督を強化する。住宅建設開発計画を見直し，地方の条件や社会経済発展戦略にマッチングするよう取り組む。発表された住宅建設戦略を有効的に実施し福祉住宅の開発をスピードアップさせる。

5-3　不良債権への対策

　不良債権を見直し，正確な金額を再評価する。企業別，金融機関別，担保資産の種類別，不動産投資による不良債権，公共施設の建設による不良債権などに再分類する。

　金融機関は，積極的に債権を適切に分類する役割を果たし，リスク対応の準備金を確立し，その準備金で不良債権の解決に取り組む。準備金ができていない金融機関は，自己資本も含めほかの資金源を活用し不良債権を相殺するよう取り組まなければならない。また，貸出の安全性を確保するよう貸出伸び率を

抑えてもよい。

　金融機関（貸出主）と債務を負っている企業が至急担保資産を確定し不良債権を相殺するよう求める。

　不良債権の買取・売却協会を設立し，ベトナムの状況と国際的な事例を参考に，不良債権に対処するための基本原則となる法的制度を確立し，運営メカニズムを明確化する。国家予算を使っての公共建設による債権の見直しに精力的に取り組む。

　以上提示された対策は，現実的でベトナムの現状に相応しいものと考えられる。つぎの課題は，これらの対策をどのようにして実施していくかである。この観点から，本稿は，これらの対策の実施においていくつかのポイントについて考えてみたい。

　第1に，過剰在庫，とくに不動産の在庫と不良債権は，密接に関連しあっている。そのため，これらの問題への対策は，同時に実施されるべきである。政府の各機関がすべてのレベルにおいて十分協力していなければ，有効な問題解決ができず，しかも問題を悪化さえしてしまう可能性がある。

　第2に，緊急な問題や，社会と経済の両面に影響しうる，適切な対策を実施する。政府が問題解決に直接に取り組まなければならない。しかし，国営企業も含めて企業の所有者の意思決定に影響するような直接的な行動を避けるべきである。問題解決のための法的枠組みを導入するとともに，政府はその実施状況の監視・監督および違反などへの対処を強化する必要がある。

　第3に，これらの問題解決のための国家予算の利用において情報公開性と透明性を確保し不正利用を避けなければならない。20,000〜40,000bil-lion VND規模の中央銀行の市場刺激パッケージを含む国の予算を活用し，不動産市場の「救済」，福祉住宅への転用，低所得者向け住宅の開発，低所得者の住宅ローンや資金の利用などに活用しなければならない。

　第4に，上記の対策を実施するにともない，財政金融諸政策が2011年や2012年よりも緩和される方向で実施されることになるが，高いインフレ率を抑制することが重要である。別の言い方をすると，インフレーション・コントロールはマクロ経済の安定化において常に重要な課題と言えよう。

[参考文献]

Resolution no 1/2012/NQ-CP of the government on meas-ures of implementing the socio-economic development plan of 2012.

Resolution no 13/2012/NQ-CP dated 10 May, 2012 on meas- ures of overcoming difficulties in business activities and market support.

Reports of the government in the fourth meeting session of the XIII Parliament.

The government website, websites of MPI, MoF, MoIT, General Statistics Office of Vietnam.

Vietnam Financial Times, Banking Times, Saigon Economic Times, Thanh Nien newspaper, Youth newspaper , Viet- nam. net, Vnexpress. net in 2012.

Journal of economics and development (December 2012),"Ten events of Vietnam economy in 2012".

資料：研究交流活動報告

ベトナムにおける中小企業の競争力

ベトナム国民経済大学准教授　Le Thi Lan Huong
専修大学大学院商学研究科博士後期課程　佐原太一郎〈訳〉

　世界経済に存在する事業機会の探索あるいは克服すべき課題への対応のため，中小企業は自らを変化させていかなければならない。そうした活動は中小企業の競争力を強化し，事業を成功へと導く力となるだろう。マーケティングは中小企業の発展・成功において，重要な役割を担っている。本稿ではベトナムにおける中小企業の発展に関する全般的な評価と，中小企業のマーケティングに関する評価を行う。また，中小企業に関する概要，中小企業の発展に影響する要因，マーケティング・マネージャーの意識，マーケティング活動（市場調査，製品開発，マーケティング・コミュニケーション等）に関する分析を示し，それらに基づいて日系企業へのインプリケーションを提示する。

1 研究枠組み

中小企業

　2009年6月30日の中小企業支援に関する法令（Decree No.56/2009/ND-CP）のもとでは，中小企業は，その従業員数，資本規模，業種によって，零細企業，小規模企業，中規模企業，大規模企業の4つのカテゴリーに分類される（表1）。

マーケティング

　マーケティングは「製品と価値を生み出して他者と交換することによって，個人や団体が必要なものや欲しいものを手に入れるために利用する社会上・経営上のプロセス（Kotler and Armstrong,2009）」と定義され，マーケティング

表1
企業分類

| 規模 | 零細企業 | 小規模企業 || 中規模企業 || 大規模企業 ||
業種	従業員数	総資本	従業員数	総資本	従業員数	総資本	従業員数
I. 農林水産業	≤10	≤200億VND	>10–200	>200–1000億VND	>200–300	>1000億VND	>300
II. 工業・建設業	≤10	≤200億VND	>10–200	>200–1000億VND	>200–300	>1000億VND	>300
III. 貿易・サービス業	≤10	≤100億VND	>10–50	>100–500億VND	>50–100	>500億VND	>100

は事業成功の鍵となる要因である。

マーケティングは顧客のニーズ，企業の目的，さらには社会的責任を満たすものと理解されなければならない。マーケティング・プロセスには市場調査（顧客ニーズの理解），マーケティング戦略のデザイン，マーケティング・プログラムの構築（製品，価格，流通，マーケティング・コミュニケーション），利益を生み出す関係性づくりが含まれる。

本稿では主としてマーケティング全般および市場調査，市場開発，製品開発，ブランディング，流通チャネル・マネジメント，マーケティング・コミュニケーションといったマーケティング活動に着目する。

市場調査：顧客ニーズを理解するために，またそれらをどのように満たすかを理解するために，企業は市場調査を行わなければならない。市場調査とは「特定のマーケティング課題に対して，組織的に情報収集，分析，報告を行うことである（Kotler and Armstrong, 2009）。」

市場開発：現在の製品を投入する新たな市場セグメントを特定・開発する企業の成長戦略である（Kotler and Keller, 2006）。

製品・ブランド開発：製品開発は新製品，または新たに手を加えた既存製品の市場への投入について扱う（Kotler and Keller, 2006）。企業にとって製品戦略をもつことは重要である。ブランド開発は重要なタスクであり，慎重に開発・管理されるべき強力な資産である。

流通チャネルマネジメント：流通チャネル・マネジメントは流通チャネルのデザインおよび管理を扱う。流通チャネルの機能は，ターゲットとなる顧客が製品を手に取ることができるようにすることである（Kotler and Keller, 2006）。

マーケティング・コミュニケーション：Kotler and Keller（2006）はマーケティング・コミュニケーションを「企業が販売する製品・ブランドについて，直接的または間接的に消費者へ情報をおくり，納得させ，思い出させようとする

活動」と定義している。

　どのようなマーケティング・コミュニケーションの形態であっても，その目的は顧客ターゲットに対して好ましい反応を，または実際の購買を促すよう情報を提供することである（Chartered In-stitute of Marketing, 2009）。Kotler and Keller（2006）は，マーケティング・コミュニケーションは6つの要素から構成されるとしている。それらは広告，販売促進，イベント・経験，広報，人的販売，ダイレクト・マーケティングである。また，Dahlén et al.（2010）は，マーケティング・コミュニケーションは通常，広告，広報，販売促進，ダイレクト・マーケティング，人的販売で構成されるとしている。

　マーケティング・コミュニケーションへ影響を及ぼすものとして，説得力，目標設定，コンタクト・ポイント，ステークホルダー，メッセージがある（Stafford,2009）。ステークホルダーは外的・内的要因を含み，ほかの4つの要素は内的要因から成る。Maria Currieは5つの要素がマーケティング・コミュニケーションへ影響を与えるとしている。それらは顧客ターゲットの行動，競争活動，メッセージの歪み，頻度，関連性である。また，Manish Parihar（2012）は製品タイプ，製品ライフサイクル，ターゲット市場，顧客購買，予算をマーケティング・コミュニケーションに影響を及ぼす要素にあげている。

2 調査方法

　本稿ではマーケティング全般についての研究を目的として実施された2011年の調査と，マーケティング・コミュニケーションの詳細についての研究を目的として実施された2012年の調査を扱う。

　2011年調査について：120のアンケート回答を取得。全ての回答者はハノイ市における中小企業であり，それら企業は著者との関係をもとに選択された。アンケートは主として（1）中小企業発展の検証，（2）中小企業の発展に影響する要素，（3）中小企業の成功に影響する要素，（4）中小企業の競争力に影響する重要要素，（5）マーケティングの評価から構成され，それぞれ5段階評価で測定した。

　2012年調査について：75の企業からサンプルを取得し，それら企業は工業，

貿易業，サービス業，農林水産業など，様々な分野で事業を行っており，著者との関係をもとに選択された。アンケート調査は（1）マーケティング・コミュニケーションの必要性の検証，（2）各マーケティング・コミュニケーションの形態における重要性の評価，（3）マーケティング・コミュニケーションへの内的・外的な影響の評価に分けられる。評価は5段階評価（1＝最低，5＝最高）で行われた。

3 ベトナムにおける中小企業の概要

　企業開発担当局である計画投資省によって発行された最近の白書によると，ベトナムでは約550,000社の企業が設立・登記されている。2005年企業法，それと同様に各州の企業法の施行以来，2000年から2010年の期間だけで，約500,000の企業が設立された。

　ほとんどの企業は中小企業であり，零細企業，小規模企業，中規模企業が占める割合は97.43％である。2000年から2009年の間，零細企業部門は社数ベースで最も高い年間平均成長率である24.7％に達し，一方で，小規模企業は20.41％，中規模企業は11.79％，大規模企業は7.28％であった。

　0.61％のみが資本金5,000億VND（2010年1月1日現在）以上の企業，4.56％が資本金500億VNDから5,000億VNDの企業，また78.55％が100億VNDに満たない企業となっている。資本金規模別でみると中小企業は全企業の95.97％を占め，そのうち小規模企業は82.26％，中規模企業は13.71％であり，また大規模企業は全体の4.03％を占める。

　資本金と所有者別でみると，中小企業は民間部門で最も大きい97.19％を占め，大規模企業はわずか2.81％となっている。国有部門では47.32％が大規模企業，52.68％が中小企業となっている。外国資本部門では73.54％が中小企業，26.46％が大規模企業である。

　ベトナム企業の大部分は労働集約型かつ低付加価値型に分類される。中小企業は高い技術，知識に対して限られた資金を投資している。ベトナム統計局（General Statistics Office of Vietnam）によれば，その多くが卸売業，小売業，自動車修理業であり，そのほかは加工業や建設業などであった。倉庫業，情報

通信業などの鍵となる産業部門ではまだ企業数は少ないが，増加してきている。

中小企業の多くはハノイ，ホー・チ・ミン，ダナン，カント，ハイフォンなどの大都市（70%）にある。2010年末時点では，ハノイに約100,000の中小企業があった。ハノイおよびホー・チ・ミンにおける中小企業数は全中小企業数の50%を占めている。

中小企業は経済の重要な役割を担っている。中小企業が創出する雇用は大きく変化している。中小企業部門では計画経済から市場経済への過渡期のなか，失業者に対する社会保険の仕組みを構築し始めている。

中小企業が直面している課題は次のとおりである。

市場：世界経済の停滞によって，主要な輸出相手国からの注文数・量が落ち込んでいる。その一方で，多くのベトナム企業はそのような市場における需要変動を予測することが困難であり，経済情勢や市場価格に関する情報への十分なアクセスが不足している。

資金調達：資金は十分でない上に，資金提供者は以前よりも危険を回避しようとする傾向にあるため，資金調達は困難となっている。

経営管理能力：変化のない保護された環境に置かれているのが通常であった多くのベトナム企業は，積極的に組織の再構築ができておらず，それゆえ，経済危機において困難に直面している。

課題：技術レベルが低いこと，技術に対して受動的であること，人材不足などが課題となっている。

4 知見

4-1　中小企業の発展

標本に含まれる企業のほとんどは中小企業数が増加していると考えている（91.66%，平均：4.39）。また，資本規模も同様に増加している（77.78%）との見解を示している。調査結果は中小企業が市場を拡大し，生産規模が増加していることを示唆している。

4-2　中小企業発展に影響する要素

経営管理：全回答者のうち50.97％が，経営管理が企業成長における最も重要な要素のうちのひとつであると考えている。

資金調達：中小企業支援センターによれば，企業のうちの32.38％は資金調達先として銀行をあげ，35.24％は銀行を資金調達先とすることが困難，32.38％が銀行へのアクセスを持っていないとしている。

表3においては回答者のうちの80.56％が企業の発展において資金の果たす役割の重要性について合意している。

表2
中小企業の発展

評価基準	全くそう思わない(1)	そう思わない(2)	どちらでもない(3)	そう思う(4)	強くそう思う(5)	平均
中小企業数の増加		4.17%	4.17%	40.28%	51.38%	4.39
投資資金の増加	1.39%	2.78%	18.05%	50%	27.78%	4.00
国内市場の拡大		1.39%	18.05%	55.56%	25%	4.04
国際市場の拡大	4.17%	12.5%	31.94%	31.94%	19.45%	3.5
事業ネットワークの拡大			12.5%	58.33%	29.17%	4.17
生産規模の増加		2.78%	18.05%	61.12%	18.05%	3.94
GDPへの貢献の増加		1.39%	15.28%	51.39%	31.94%	4.14
経営管理能力の向上		4.17%	20.83%	51.39%	23.61%	3.94
競争力の開発		9.72%	15.28%	52.78%	22.22%	3.88
国有企業との公平性	6.94%	15.28%	30.56%	27.78%	19.44%	3.38
地域社会による認知と支援		9.72%	16.67%	54.17%	19.44%	3.83
多くの事業機会		1.39%	12.5%	58.33%	27.78%	4.13

表3
中小企業発展に影響する要素

評価基準	全くそう思わない(1)	そう思わない(2)	どちらでもない(3)	そう思う(4)	強くそう思う(5)	平均
資産・資金		2.78%	16.66%	45.84%	34.72%	4.13
人材の質		6.94%	15.28%	41.67%	36.11%	4.07
中小企業の経営管理		2.82%	8.45%	38.03%	50.97%	4.37
国内市場と国際市場	1.39%	2.78%	16.67%	52.78%	26.38%	4.03
市場情報	1.43%	1.43%	17.14%	45.71%	34.29%	4.1
土地	2.78%	6.94%	26.39%	38.89%	25%	3.76
事業ネットワーク		4.29%	14.28%	58.57%	22.86%	4
科学技術		6.94%	22.23%	52.77%	18.06%	3.82
金融サービス		8.33%	25%	52.78%	13.89%	3.72
法制度		5.56%	22.22%	51.39%	20.83%	3.86
政策		7.04%	15.5%	46.47%	30.99%	4.01
City/localpolicies	2.84%	5.71%	30%	51.43%	10%	3.8

資料：研究交流活動報告

4-3 企業の成功に影響する要素

　企業を成功へと導くことに影響する要素は数多くある。それら要素について示したものが表4である。企業の成功に大きく影響する要素として事業資金，経営管理能力，人材の専門性および能力（81％〜90％の回答者が合意）が挙げられている。例えば，回答者の90.14％は経営者・オーナーの経営管理能力が企業成長に大きく影響すると考えている。経営管理は現在多くの企業の間で課題となっている。

　これら以外の外部要因も事業に影響を及ぼすが，その程度は内部要因ほど大きなものではないと評価されている。

表4
中小企業の成功に影響する要素

評価基準	非常に小さく影響する(1)	小さく影響する(2)	どちらでもない(3)	大きく影響する(4)	非常に大きく影響する(5)	平均
事業資金	1.41%	4.22%	12.68%	50.7%	30.99%	4.06
専門性ある人材		2.85%	14.28%	58.57%	24.29%	4.04
マネージャー・社員の能力		4.29%	10%	54.28%	31.43%	4.13
社員の教育レベル		2.9%	27.53%	52.18%	17.39%	3.84
経営者・オーナーの経営管理能力	1.41%	2.82%	5.63%	23.94%	66.2%	4.5
社員のコミュニケーション能力	1.43%	1.43%	32.85%	52.86%	11.43%	3.71
社員の語学力	7.14%	15.72%	45.72%	27.14%	4.29%	3.06
労働環境	2.86%	1.43%	22.85%	62.86%	10%	3.76
事業ネットワーク	2.94%		30.88%	55.89%	10.29%	3.7
製品多様化	4.35%	5.79%	39.14%	40.58%	10.14%	3.46
品質		2.86%	20%	57.14%	20%	3.94
市場の規模	1.47%	2.94%	27.94%	48.53%	19.12%	3.81
広告・販売促進	1.43%	8.57%	41.43%	38.57%	10%	3.47
生産性		4.29%	17.14%	62.86%	15.71%	3.9
組織構造	1.45%	4.35%	20.29%	59.42%	14.49%	3.81
給与・インセンティブ制度	1.43%	5.71%	22.86%	51.14%	12.86%	3.74
技術・設備	2.82%	8.45%	28.17%	47.88%	12.68%	3.59
租税制度	2.82%	5.63%	36.62%	43.66%	11.27%	3.55
中央政府・地方政府の土地制度	8.57%	11.43%	31.43%	41.43%	7.14%	3.27
業務の形式化	2.82%	8.45%	42.25%	33.8%	12.68%	3.45
その他の政策（税関手続，教育など）	4.29%	7.14%	48.57%	32.86%	7.14%	3.33
インフラ	5.88%	5.88%	2.36%	47.06%	8.82%	3.47

表5
企業競争力に影響する要素の重要性の程度

評価基準	最も低い				最も高い	平均
事業資金		2.82%	18.31%	45.07%	33.8%	4.1
マネージャーの管理能力		2.86%	10%	44.28%	42.86%	4.27
社員の能力		4.23%	15.49%	59.15%	21.13%	3.97
流通チャネル	2.86%	7.14%	28.57%	42.86%	18.57%	3.67
事業ネットワーク	1.43%	5.71%	18.57%	52.86%	21.43%	3.87
ブランド	1.41%	1.41%	7.04%	45.07%	45.07%	4.31
品質			10%	54.29%	35.71%	4.26
能動環境		5.8%	24.63%	52.18%	17.39%	3.81
製造コスト		1.43%	25.71%	48.57%	24.29%	3.96

4-4 競争力に影響する重要な要素

　企業の競争力には多くの要素が影響するが，ここでは調査資料とマネージャーの意見をもとに9つの要素を選択した。表5は，企業の競争力に影響する要素の重要性の程度を示している。

　上記に示した要素のうち，ブランドが企業の競争力に大きく影響している（90％を上回る回答者が合意）。ブランドに対する高い評価は，製品・サービスの質の高さを表している。

　品質（89.9％が合意），マネージャーの管理能力（87.06％が合意）が競争力に大きく影響すると評価されている。

4-5 中小企業におけるマーケティングの評価

　回答者の全員が，マーケティングは企業の競争力に影響する重要な要素であると考えている。しかしながら，数年前は中小企業のマネージャーはマーケティングに注意を向けることはなかった。Vsoftgroupは「中小企業はマーケティングに関心が無いようだ。彼らは生産と販売に注力し，マーケティングは「広告」という位置づけでしかない。マーケティングに対する予算は全体のほんの3％〜5％程度でしかない。」としている。

　今日では，状況が少し異なってきている，調査結果は78％の企業が事業におけるマーケティングの重要な位置づけを認識し，理解している。

マーケティング組織：わずか20％の企業しかマーケティング部門を設置していない。通常，マーケティング機能は事業部門，販売部門，市場部門などに分かれている。広報部門はあるもののマーケティング部門を持たない企業もある。
　マーケティング理念：マーケティングは販売もしくは供給源の探索，顧客対応，製品開発，市場探索と考える企業もある。こうした考え方が，これまでマーケティングが注目されてこなかった理由と考えられる。回答者の78％がマーケティングプランは多くの企業において応用されていないと回答している。

4-6 市場調査の評価

　多くの企業は市場調査の役割を認識している。回答者の80％が市場調査は企業の発展に大きく影響するということに合意している。しかしながら，市場調査を実施している中小企業はそれほど多くはない。75％の企業が市場調査に特化した部門を持っていない。なかには，市場における情報収集の役割を認識しながらも，正式に市場調査を実施したことがないという中小企業も存在する。結果として顧客や競合他社に関する情報を欠いている。市場調査を専門とする企業というのも一般的には見られない。

4-7 市場の発見と拡大

　回答者の79％が，市場を発見することは事業の発展に影響を与えるということに合意している。また68％の企業が，市場規模の拡大は企業の成功に大きく影響すると回答している。
　65％の企業が，国内市場を発見し，拡大することに成功していると回答している。一方で，外国市場に関しては，27％の企業のみが外国市場を発見し，拡大することに成功していると回答している。これは現在，中小企業が直面している課題と言える。

4-8 製品開発

　回答者の77％は製品の品質が企業の成功に影響する，63％は品質改善に成功

していると評価している。また，全回答者が製品の品質は企業の競争力に大きく影響すると回答している。加えて，製品差別化も事業成長において重要である。40％の回答者が自社製品の差別化があまりされていないと回答している。

新製品開発は市場でプレゼンスを発揮しようとする企業にとって不可欠である。しかしながら，多くの企業は新製品開発の計画や予算をもっておらず，また開発をする場合でも彼らの経験に基づいて行われるものとなっている。

製品ラインを多様化させることの重要性について，回答者の51％が賛同しており，57％が新製品開発に成功していると回答している。ただ，市場情報や開発計画が欠如しており，適切な製品ラインの多様化は行われていない。つまり，彼らの製品ポートフォリオは不十分である。

4-9 ブランド開発

回答者の90％がブランドの重要性を認めており，競争力に大きく影響すると認識している。しかし，ブランド開発に成功している中小企業は数少ないというのが実態である。回答者の63％がブランド開発に成功していると回答しているが，一方で資金や人材の面で制限があるとしている。

4-10 流通チャネル管理

ほとんどの企業が流通チャネルの重要性を認めており，回答者の81％が流通チャネルを事業の競争力に影響する要素として認識している。その中で，45％のみが流通チャネルの開発に成功していると考えている。自社と他社の両者を活用する流通構造をとっており，現代化されたチャネルを利用している企業もある。流通チャネルの効果についての評価はほとんど行われていない。

4-11 マーケティング・コミュニケーションの重要性

ほとんどの回答者がマーケティング・コミュニケーションの必要性を高く評価している（5段階評価で平均が4.18，86.9％）。

個別のサンプルテストは男女の性別による認識の相違がないことを示唆して

いる[p（t.df）＝0.26＞0.05］。また，一元配置分散分析の結果からは，長期間の労働者と，マーケティング活動に加わって間もない労働者との相違もないことが示唆されている［p（F）＝0.849＞0.05］。

4-12 マーケティング・コミュニケーションの形態別にみた重要性

　表6においては人的販売が全体的に高く評価されている（5段階評価で平均が3.63）。次にダイレクト・マーケティングで，ほかの4つのマーケティング・コミュニケーション形態は重要性の観点から見ると同等である。これは工業部門でよく見られることである。広告は人的販売や販売促進と比較するとき，その重要性は低い（Kotler andKeller, 2006）。

　工業業界ではダイレクト・マーケティングと人的販売がほかの4つの形態よりも重要であると考えられている。貿易業界では全てのコミュニケーション手段が重要と考えられており，これはサービス業界でも同様である。両業界とも人的販売が最も重要性の高いコミュニケーションの形態と評価しているが，農林水産業界ではダイレクト・マーケティングと最終消費者への販売促進が最も

表6
マーケティング・コミュニケーションの形態の重要性

マーケティング・コミュニケーション形態	工業	貿易業	サービス業	農林水産業	平均
広告	2.90	3.46	3.00	3.67	3.18
販売促進（卸売，代理店等）	2.80	3.38	3.25	3.33	3.13
最終消費者向け販売促進	2.60	3.54	3.50	4.00	3.37
広報	3.10	3.46	3.42	3.00	3.32
ダイレクト・マーケティング	3.30	3.77	3.50	4.00	3.58
人的販売	3.30	3.85	3.67	3.67	3.63

表7
マーケティング・コミュニケーションにおける内部要因の影響の評価

内部要因	成功への影響	成功への障害
マネージャーの資質	3.50	3.42
従業員の資質	3.58	3.47
予算	3.55	3.55
組織構造	3.18	3.26
労働環境	3.16	3.18
地方府の公務員・オーソリティーとの関係性	3.21	3.18

表8
業界別にみた内部要因調査結果

成功に対する内部要因	工業	貿易業	サービス業	農林水産業
マネージャーの資質	3.30	3.69	3.36	3.67
従業員の資質	3.40	3.69	3.64	3.67
予算	3.30	3.62	3.64	4.00
組織構造	2.80	3.46	3.27	3.00
労働環境	2.90	3.38	3.27	3.00
地方政府の公務員・オーソリティーとの関係性	2.90	3.62	3.18	3.00

障害を形成する内部要因	工業	貿易業	サービス業	農林水産業
マネージャーの資質	3.00	3.46	3.45	4.00
従業員の資質	3.00	3.69	3.45	4.00
予算	3.10	3.69	3.45	4.33
組織構造	2.90	3.46	3.27	3.33
労働環境	2.90	3.31	3.36	3.00
地方政府の公務員・オーソリティーとの関係性	3.10	3.23	3.18	3.00

重要なコミュニケーション形態と評価されている。

4-13 マーケティング・コミュニケーションにおける内部要因の評価

　Cronbachアルファ・テストは全ての変数が互いに影響していることを示している。評価は5段階（1.最も影響が弱い〜5.最も影響が強い）で測定された。

　内部要因の中でも，マネージャーの資質や従業員の資質がマーケティング・コミュニケーションに大きく影響している。また，マネージャーの資質はマーケティング・コミュニケーションに対する障害を作り出す要因ともなっている（3.42, /5）。

　回答者の90％が予算は企業の発展に大きく影響すると評価している。障害の程度に関する評価においては，予算が最も障害を形成する要因であると評価されている。

4-14 マーケティング・コミュニケーションにおける外部要因の評価

　Cronbachアルファ・テストはそれぞれの変数が互いに影響していることを示している（Cronbach'sAlpha = ＞0.8）。評価は5段階（1.最も影響が弱い〜5.最

表9
マーケティング・コミュニケーションにおける外部要因の評価

外部要因	成功への影響	成功への障害
国内市場での競争	3.18	3.24
外国市場での競争	3.00	2.95
事業地域	3.26	3.27
文化的要因	3.11	3.43
顧客・消費者要因	3.53	3.78
政策・規制（広告法，競争法等）	3.32	3.46

も影響が強い）で測定された。

　顧客・消費者要因は最もマーケティング・コミュニケーションの成功に影響するものとして評価されており（3.53, /5），また，最も障害を形成するものとして評価されている。

　文化は重要な要素であり，マーケティング・コミュニケーションに対する障害を形成するものとして比較的高く評価されており（84.6％），政策・規制も同様に高く評価されている（86.4％）。事業地域に関する調査結果は図表9の通りである。

　マーケティング・コミュニケーションの成功に対する影響に関して，異なる事業地域における全ての企業が，顧客・消費者要因と政策・規制に対して同様の評価をしている（＞3/5）。そのほかの要因に対する評価はそれぞれの事業地域によって異なる。障害を形成する要因としては，文化的要因，顧客・消費者要因，政策・規制が同様に評価されている（＞3/5）。

5 日系企業に対する示唆

　日系企業はベトナムの文化をよく理解しなければならない。ベトナム国内でも，各地域によって日常のコミュニケーション，倫理観，消費習慣など異なった文化が存在する。こうした文化を理解することは，マスメディアを活用する広告をする場合などにおいても非常に重要である。例えば，性的描写や暴力的描写を含むスローガンや映像といったものは，ベトナムの文化に適さないものとして変更を余儀なくされるだろう。文化を考慮しなければならない別の例と

表10
事業地域におけるマーケティング・コミュニケーションの影響

成功に対する外部要因	工業	貿易業	サービス業	農林水産業
国内市場での競争	2.80	3.46	3.09	3.33
外国市場での競争	2.90	3.08	3.00	3.00
事業地域	2.90	3.46	3.18	3.33
文化的要因	2.70	3.08	3.45	3.33
顧客・消費者要因	3.20	3.46	3.64	4.33
政策・規制（広告法，競争法等）	3.20	3.31	3.18	3.67

障害を形成する外部要因	工業	貿易業	サービス業	農林水産業
国内市場での競争	2.70	3.31	3.30	4.00
外国市場での競争	2.50	3.31	2.80	3.00
事業地域	2.60	3.23	3.80	3.67
文化的要因	3.40	3.38	3.70	3.00
顧客・消費者要因	3.20	4.00	3.90	4.33
政策・規制（広告法，競争法等）	3.20	3.46	3.70	3.33

して食品業界が考えられる。ベトナムでは太陰月の最初の日にイカやタコは食べないために，ベトナムでレストランを経営する日系企業は，月の初日にイカやタコを提供することはできない。

　企業がソーシャル・ネットワークを活用して広告を行う場合，若年層（1980年代～90年代生まれ）の方が，1970年代以前に生まれた世代と比べて，ソーシャル・ネットワークについて詳しく知っていることを認識する必要がある。文化は消費者行動に強く影響するため，事業を始める前にベトナムの消費者行動について研究する必要がある。ベトナム北部に住む消費者が購買の意思決定に費やす時間は，南部に住む消費者よりも長い可能性がある。これは北部に住む人々は，意思決定の前に，常に周りの人々の行動を観察するからである。

　ブランド・コミュニケーションに関連して，日系企業はモバイル広告，インターネット広告，ソーシャル・ネットワーク，口コミを応用すべきである。

[参考文献]

Alyn Stafford（2009）*Five Important Factors of Marketing Communications*, http://www.marketingcommunica-tionsblog.com/five-important-factors-of-marketing-communications.

Chartered Institute of Marketing（2009）"How to plan mar-keting communications?," *Chartered Institute of Mar-keting*, http://www.cim.co.uk/files/marcomms.pdf

Mỹ Anh. *Làm gì để doanh nghiệp nhỏ và vừa nâng cao năng lực cạnh tranh*. Báo điện tử Cần Thơ. truy cập ngày 19/9/2001, http://congthuongcantho.gov.vn/tin-tuc-sukien/thanh-pho-can-tho/lam-gi-111e-doanh-nghiep-nhova-vua-nang-cao-nang-luc-canh-tranh

Dave Samuels, Demand Media, 5 *Factors Affecting Attention in Marketing Communication*, http://smallbusiness.chron.com/5-factors-affecting-attention-marketing communication-47756.html

Doanh nghiệp vừa và nhỏ với chiến lược Marketing. truy cập ngày 19/9/2011, http://www.saga.vn/view.aspx?id=9129

George E. Belch (2011) *Truyền thông marketing tích hợp-tập bài giảng*. trường Đại học kinh tế quốc dân

Trung Hưng (2010) *Doanh nghiệp nhỏ và vừa: môi trường nào dễ lớn?*. Báo Hà nội mới. truy cập ngày 3/6/2011, www.hanoimoi.com.vn/newsdetail/kinh te/doanhnghiep-nho-va-vua-moi-truong-nao-de-lon.htm

Leigh Richards, Demand Media, Economic Factors Affecting Marketing, http://smallbusiness.chron.com/economicfactors-affecting-marketing-1699.html

Leigh Richards, *Demand Media, Factors That Have an Impacton the Success of Strategic Marketing*, http://smallbusiness.chron.com/factors-impact-success-strategicmarketing-1700.html

Marla Currie, eHow Contributor, Five Factors Affecting Attention in Marketing Communication, http://www.ehow.com/info_8162692_five-affecting-attention-marketingcommunication.html

Mehmet Serdar Ercis, Factors Affecting Customer Attach-ment, http://www.ojcmt.net/articles/13/135.pdf

Micael Dahlen, Fredrik Lange and Terry Smith (2010), *Marketing communications: A Brand Narrative Approach*, John Wiley & Sons

Mose. Joseph Aranga, *Factors Affecting the Performance of the Marketing Communication Tools: A Case of the Selected Dairy Firms in Kenya*, http://ir-library.ku.ac.ke/ir/handle/123456789/2185?show=full

Marketing cho các doanh nghiệp vừa và nhỏ trong thời kỳ khủng hoảng. truy cập ngày 19/9/2011, http://www.vnseo. com

Philip Kotler and Gary Armstrong (2009) *Principle of Marketing*, 13th Edition, Prentice Hall

Philip Kotler and Kevin Lane Keller (2006) *Framework for Marketing Management*, Prentice Hall

Tạp chí công sản, *Doanh nghiệp nhỏ và vừa Việt nam: Lạc quan trước thềm năm mới*. truy cập ngày 5/6/2011, http://tintuc.xalo.vn/doanh-nghiep-nho-va-vua-lac-quantruoc-them-nam-moi.html

Integrated Marketing communication, http://www.slideshare.net/profmanishparihar/integrated-marketingcommunication-11608636

おわりに

　本研究プロジェクトは，大西勝明教授（当時）を代表とする6名の教員によってスタートしたが，大西教授が2014年3月に定年退職されたことに伴い，鹿住倫世が代表を引き継いだ。商学部に属する6人とはいえ，それぞれの専門分野は経営戦略，企業の海外事業展開，グローバルビジネス，流通，物流，企業家活動と異なっている。これだけ多岐にわたると，あるテーマに沿って（あるいはある研究対象に対して）各自が分担して研究を行い，最後に全体を調整して取りまとめるという方法がとりにくい。実際，ベトナムやメコン地域への現地調査についても，メンバー全員が一緒に出張することはできなかった。

　しかし，その分，各メンバーの研究は独自の視点に基づき，ベトナムおよびメコン地域の産業，企業の姿を浮き彫りにすることができたと思う。既知の経済指標や文献資料からはわからない，企業や経営者の指向や活動を垣間見ることができた。

　日本もそうであるが，今現在，このような産業，経済の状況にあるのは，昔からの積み重ね，昔からの経緯の結果である。以前の状況が忽然と変わってしまうわけではない。とはいえ，ベトナムが市場経済化に舵を切ったのは約20年前のことである。特に新規創業企業やベンチャー企業は，1990年代以降に設立された企業がほとんどである。若い企業，若い経営者が新しいことに挑戦する姿は，見ていて頼もしく，明るい将来が見える。

　翻って，日本の企業はどうだろうか。ベンチャー企業はどうだろうか。法制度が整い，産業資金も潤沢で，ビジネス・インフラストラクチャーも整備されている日本において，自ら新しいビジネスモデルや経営戦略を創出していくような気概を持った企業は，日本にどのくらい存在するだろうか。居心地の良いぬるま湯から出て，厳しい状況でも前に進む勇気を持つ企業が増えることが，日本経済の再活性化に資するのではないか。ベトナムやメコン地域の企業，経営者の活動が，そのことに気づかせてくれた。

　それから，本研究でベトナム企業の経営者にインタビューした時，ほとんどの経営者が日本企業への信頼，期待を述べていた。日本市場への進出を目指す

おわりに

企業も複数あった。それだけ，日本の生産管理や人材育成，経営管理に対して憧れと厚い信頼を持っていると言える。

　末筆になってしまったが，本研究に協力していただいたすべての企業，経営者，公的機関の職員の方々，そしてベトナム国民経済大学のファカルティメンバーに，心からの感謝を述べたい。また，遅筆でご迷惑をおかけした白桃書房の大矢栄一郎氏にも，この場を借りて感謝申し上げる。

平成28年3月

鹿住倫世

【執筆者一覧】

鹿住倫世（かずみ・ともよ）（所員）……………………第6章，編著者
　専修大学商学部教授

大西勝明（おおにし・かつあき）（所員）……………………第1章
　専修大学名誉教授

小林　守（こばやし・まもる）（所員）……………………第2章
　専修大学商学部教授

高橋義仁（たかはし・よしひと）（所員）……………………第3章
　専修大学商学部教授

岩尾詠一郎（いわお・えいいちろう）（所員）……………………第4章
　専修大学商学部教授

石川和男（いしかわ・かずお）（所員）……………………第5章
　専修大学商学部教授

■ アジアにおける産業・企業経営 ―ベトナムを中心として―
■ 発行日──2016年3月31日　初版発行　　〈検印省略〉
■ 編著者──鹿住倫世
■ 発行者──大矢栄一郎
■ 発行所──株式会社　白桃書房
　　　　　〒101-0021　東京都千代田区外神田5-1-15
　　　　　☎03-3836-4781　📠03-3836-9370　振替00100-4-20192
　　　　　http://www.hakutou.co.jp/
■ 印刷・製本──藤原印刷

© Tomoyo Kazumi 2016 Printed in Japan　ISBN 978-4-561-26681-5 C3334

本書のコピー，スキャン，デジタル化等の無断複製は著作権法上での例外を除き禁じられています。本書を代行業者等の第三者に依頼してスキャンやデジタル化することは，たとえ個人や家庭内の利用であっても著作権法上認められておりません。

JCOPY 〈(社)出版者著作権管理機構委託出版物〉
本書の無断複写は著作権法上の例外を除き禁じられています。複写される場合は，そのつど事前に，(社)出版者著作権管理機構（電話03-3513-6969，FAX 03-3513-6979，e-mail：info@jcopy.or.jp）の許諾を得てください。

落丁本・乱丁本はおとりかえいたします。

専修大学商学研究所叢書

上田和勇【編著】
企業経営とリスクマネジメントの新潮流 本体 2,800 円

内野 明【編著】
ビジネスインテリジェンスを育む教育 本体 2,800 円

神原 理【編著】
ソーシャル・ビジネスのティッピング・ポイント 本体 1,905 円

上田和勇【編著】
環境変化とリスクマネジメントの新展開 本体 2,800 円

小林 守【編著】
アジアの投資環境・企業・産業 本体 2,800 円
　―現状と展望

岩尾詠一郎【編著】
情報化社会におけるマーケティング 本体 2,000 円
　―消費者行動とロジスティクスにおけるデータ活用

渡辺達朗【編著】
中国・東南アジアにおける流通・マーケティング革新 本体 2,300 円

東京　**白桃書房**　神田

本広告の価格は本体価格です。別途消費税が加算されます。